DIME
DELL

Angelo Comastri

FRANCESCO D'ASSISI

L'utopia è possibile!

SAN PAOLO

I brani indicati con FF
sono tratti da *Fonti Francescane. Nuova edizione*,
a cura di Ernesto Caroli,
Editrici Francescane, Padova 2004.

Piazza Soncino, 5 - 20092 Cinisello Balsamo (Milano)
www.edizionisanpaolo.it
Distribuzione: Diffusione San Paolo s.r.l.
Piazza Soncino, 5 - 20092 Cinisello Balsamo (Milano)

ISBN 978-88-215-9105-1

A Papa Francesco,
nel cui cuore
sentiamo i palpiti del cuore
del Poverello di Assisi.

PREFAZIONE

In Geremia, profeta non capito e non ascoltato, c'è un accorato appello a Gerusalemme, affinché si converta. Dice così: «Come una sorgente fa scorrere l'acqua, così Gerusalemme fa scorrere le sue iniquità. Làsciati correggere, Gerusalemme, per non diventare un deserto. Tutti dicono: "Bene! Bene!" Ma bene non va. Dovrebbero vergognarsi dei loro atti abominevoli, ma non si vergognano affatto: non sanno neppure arrossire!» (Ger 6,7.8.14-15).

Allora il profeta, in un estremo tentativo di persuasione della sorda città, suggerisce: «Fermatevi nelle strade e guardate; informatevi circa i sentieri del passato per capire dove sta la strada buona e prendetela: così troverete pace per le vostre anime» (Ger 6,16).

È quello che vogliono proporre queste povere pagine, che tentano di dipingere davanti agli occhi distratti della gente di oggi la via percorsa da Francesco d'Assisi.

Oggi tutti parlano di felicità, tutti propongono percorsi e tecniche per arrivare alla felicità... ma la felicità non arriva. Anzi! Mai l'umanità è stata tanto scontenta come oggi, soprattutto nei Paesi ricchi, che sono i maggiori consumatori di tranquillanti.

Giustamente lo scrittore Julien Green, nel suo Diario, ha osservato con fine ironia: «Se volete sapere dove non abita la felicità, frequentate i luoghi di divertimento. Lì troverete qualche briciola di piacere, ma di felicità neppure l'ombra!» È vero.

Interroghiamo allora Francesco d'Assisi: la sua vita parla, la sua storia insegna, la sua gioia lascia pensosi.

Viene da esclamare: «Non avrà forse ragione il Poverello di Assisi? Non sarà, forse, la strada giusta quella che lui ha scelto? Francesco d'Assisi non potrebbe dirci qualcosa riguardo alla strada della felicità?»

Proviamo almeno ad ascoltarlo.

ANGELO CARD. COMASTRI

Preghiera a san Francesco d'Assisi

O mite Francesco,

le nostre piazze e le nostre chiese custodiscono ancora viva l'eco della tua parola, che nasceva dal silenzio e dalla povertà. Per questo, profumava di Dio ed entrava nel cuore perché veniva dal cuore.

Oggi, frate Francesco, poverello di Dio, le strade sono mute di parole, perché il rumore occupa ogni spazio, consumando la vita che non è più vita. O Francesco, prega per noi, affinché diamo voce a Cristo con una vita piena di Vangelo e con parole fedeli alla Parola.

Guidaci nelle vie dei cuori e delle città senza forza e senza ricchezza, senza orgoglio e senza vanità per annunciare con umiltà e letizia che Gesù è il Salvatore del mondo: Lui e nessun altro!

Amen.

1

UNA NOTTE DECISIVA

È passata alla storia come la "notte di Spoleto".

Infatti fu una notte memorabile: Francesco in quella notte passò dai "signori" di questo mondo al Signore del mondo... e divenne un uomo libero e felice.

Che cosa accadde? Era l'anno 1204. Francesco aveva ventitré anni. Un notabile di Assisi arruolò un bel numero di giovani per andare in Puglia a combattere al seguito di Gualtiero di Brienne: costui era un valido capitano normanno e si era schierato dalla parte del papa Innocenzo III contro le pretese dell'imperatore germanico. Le imprese di Gualtiero di Brienne avevano acceso la fantasia di tanti giovani: anche Francesco volle seguirlo e il padre, ricco mercante, provvide a dotarlo di un superbo corredo militare.

Ma a Spoleto soffiò un vento contrario: un vento inatteso che colse di sorpresa lo stesso Francesco. Mentre era in viaggio verso la Puglia, durante la notte, tra la veglia e il sonno, Francesco sentì una voce nitida e decisa, che gli disse:

«Francesco, dove stai andando?»

«Vado in Puglia a conquistare gloria e fama».

«Francesco, che ti è più utile: servire il padrone o il servo?»

«Il padrone, evidentemente».

«Allora, perché segui il servo al posto del padrone?»

«Signore, che cosa vuoi che io faccia?»

«Ritorna ad Assisi e ti dirò quel che voglio da te».

Francesco non ci pensa due volte: senza preoccuparsi di quello che gli altri potevano dire o pensare, monta a cavallo e, con un cuore nuovo, ripercorre la strada che lo riporta ad Assisi.

Lo scalpitio degli zoccoli del cavallo rintrona nel silenzio delle prime ore del mattino. Qualcuno si affaccia velocemente alla finestra per individuare chi sia il solitario cavaliere che disturba il sonno degli assisani in un'ora così insolita. Francesco viene riconosciuto e possiamo immaginare le esclamazioni che accompagnano la sua inattesa cavalcata:

«È un rammollito! Non poteva reggere alle fatiche della guerra!»

«Pica l'ha fatto crescere tra carezze e baci: ci vuol ben altro per fare un uomo!»

«Vediamo ora cosa dirà il fiero Pietro di Bernardone».

Ma a Francesco non importa di essere considerato un codardo: una voce l'ha scosso, una luce improvvisa ha diradato la nebbia riguardo al suo futuro. Inizia per lui una nuova avventura: in quel momento non poteva minimamente immaginare dove l'avrebbe condotto quella voce che aveva udito nel cuore della notte.

2

IL FIGLIO DEL MERCANTE

Chi era quel giovane che lasciò tutto e invertì la rotta della vita, facendosi guidare da un'improvvisa irruzione di Dio che capovolse tutti i suoi progetti?

Francesco nacque nel 1181 ad Assisi, una graziosa cittadina adagiata sulle falde del monte Subasio. In quel periodo la città era attraversata da forti tensioni tra i nobili, abituati a comandare, e la classe emergente dei mercanti, che si arricchivano velocemente e volevano più potere. I nobili erano i "maggiori" della città e si contrapponevano ai "minori", che formavano il popolo umile e semplice, povero e senza potere.

Il padre di Francesco apparteneva alla classe emergente dei nuovi ricchi. Si chiamava Pietro di Bernardone ed era un mercante molto abile e preoccupato soltanto di aumentare la propria ricchezza e il proprio prestigio.

La mamma si chiamava Pica ed era di origini francesi (esattamente della Provenza): era una donna mite, fervente nella fede, molto diversa dal padre.

Quando nacque il bambino, il padre era assente per un viaggio legato al commercio delle stoffe: lo scopo della vita di Pietro di Bernardone era infatti fare soldi e acquistare potere.

La mamma, anche se il padre non era presente, fece subito battezzare il bambino e scelse per lui il nome di Giovanni. Probabilmente, durante il viaggio di ritorno, Pietro di Bernardone fu informato del lieto evento da qualche mercante proveniente da Assisi. Possiamo immaginare il dialogo:

«Pietro! Sei diventato padre! Ti è nato un bel maschietto».

«Sono felice! Ne farò un grande mercante, che aumenterà la ricchezza e il potere della mia famiglia».

«Sai come l'ha chiamato la tua bella moglie di Provenza?»

«No! Non so nulla!»

«L'ha chiamato Giovanni».

«Giovanni?! Non mi piace. Questo nome puzza troppo di incenso. Sai cosa faccio? Quando arrivo, gli cambio il nome. Del resto il padre sono io, sono io che guadagno e, quindi, a casa mia comando io. Ho già deciso: gli cambio il nome».

E così fu. Quando il padre tornò dal suo viaggio, subito si lamentò con Pica per la scelta del nome troppo religioso. E cambiò il nome del figlio: lo chiamò Francesco, in omaggio a un panno che commerciava e che era chiamato "francesco" perché veniva prodotto in Francia.

E così il nome Francesco entrò nella storia: entrò a motivo della ricchezza del commercio per indicare un uomo che avrebbe avuto orrore per la ricchezza al punto tale da chiamare "sua sposa" la povertà.

Francesco condusse una giovinezza spensierata, anzi frivola. Tuttavia va precisato che non fu mai cattivo d'animo, non fu mai violento, non fu mai sporco nei sentimenti. Infatti anche nel tempo della frivolezza Francesco si rivelò generoso e sensibile verso i bisognosi e verso i poveri che incontrava per strada.

Evidentemente il padre non era contento di questa generosità, però lasciava fare, pensando che, prima o poi, il figlio spendaccione sarebbe entrato nella logica del mercato e del profitto, che era lo scopo della vita di Pietro di Bernardone.

Il carattere gioviale e socievole portava Francesco ad avere tanti amici; e i soldi abbondanti del padre gli permettevano di organizzare feste di ogni genere. Ad Assisi i suoi coetanei andavano in visibilio per lui e lo proclamarono "re delle feste".

Passarono così diversi anni. Se avesse continuato in questo modo, nessuno oggi parlerebbe più di lui: nessuno lo ricorderebbe. Francesco sarebbe stato uno dei tanti giovani che consumano gli anni lasciandoli bruciare dall'egoismo e dalla vanità. Se avesse perseverato in questa strada, oggi non esisterebbe san Francesco d'Assisi.

E invece no: nella vita del giovane Francesco c'è un salto, una rottura, un ripensamento; c'è un momento in cui Francesco è diverso da tutti noi e questa diversità gli assegna un posto straordinario nella storia.

Il papa Giovanni Paolo II, parlando ai giovani (ma il discorso vale anche per gli adulti!), un giorno disse: «Non siate come le lumache!»

Tutti inizialmente pensarono che il papa volesse raccomandare di non andare piano come fanno le lumache. Ma il pensiero del papa era un altro. Infatti aggiunse: «Non siate come le lumache, che lasciano dietro di sé soltanto un po' di inconsistente e insignificante bava: basta una pioggerella per cancellare il passaggio di una lumaca! Non siate così! Non sciupate la vita!»

Francesco non ha lasciato dietro di sé soltanto un po' di bava, ma ha lasciato un solco profondo. Un solco che è ancora aperto e attira tantissimi giovani, un solco che ci fa nascere nel cuore una domanda: noi, cosa lasceremo dietro di noi?

Torniamo a Francesco e al racconto della sua vita, perché abbiamo tanto da imparare: l'avventura spirituale di Francesco d'Assisi, infatti, è di impressionante attualità.

Charles Péguy, nei primi anni del XX secolo, espresse un'implacabile condanna della tendenza che stava assumendo la società. Disse testualmente: «Per la prima volta nella storia del mondo il denaro è padrone di tutto e di tutti: senza limiti, senza pudore. Oggi le stesse persone valgono per quanto possiedono: è un fatto orribile, è un fatto vergognoso perché è una grande menzogna!»

Dopo circa un secolo da quando vennero pronunciate queste parole, il potere del denaro si è ulteriormente dilatato e appesantito: oggi per denaro (talvolta per cento euro) si uccidono anziani inermi; per denaro si trafficano armi e si creano guerre per venderle; per denaro si inquinano gli alimenti e si devasta il mondo che Dio ci ha consegnato come un incantevole giardino; per denaro oggi, senza alcuna vergogna, si vende e si compra il corpo, che è diventato vile merce di scambio togliendo ogni dignità all'uomo e alla donna: la prostituzione ormai è diventata la svendita dell'ultima briciola di dignità. E potremmo continuare!

Francesco d'Assisi è più attuale che mai!

Preghiera attribuita a san Francesco e tanto amata da madre Teresa di Calcutta

Signore, fa' di me
uno strumento della tua pace:
dove è odio, fa' ch'io porti l'Amore.
Dove è l'offesa, ch'io porti il Perdono.
Dove è discordia, ch'io porti l'Unione.
Dove è dubbio, ch'io porti la Fede.
Dove è l'errore, ch'io porti la Verità.
Dove è disperazione, ch'io porti la Speranza.
Dove sono le tenebre, ch'io porti la Luce.
Dove è tristezza, ch'io porti la Gioia.

O Signore, fa' ch'io non cerchi tanto
di essere consolato, quanto di consolare.
Di essere compreso, quanto di comprendere.
Di essere amato, quanto di amare.
Perché solo donando, si riceve.
Solo nella dimenticanza di sé
si ritrova se stessi.
Solo perdonando si è perdonati.
Solo morendo si risuscita alla vita eterna.

Se puoi, férmati a ripetere lentamente questa preghiera: sentirai la pace entrarti nel cuore e, soprattutto, vedrai aprirsi davanti a te tante e tante occasioni nelle quali puoi gettare il seme benefico del Vangelo.

3

FRANCESCO ENTRA IN CRISI E CONTESTA LE FALSE SICUREZZE

Dopo la "notte di Spoleto" Francesco era diverso. Continuò a organizzare divertimenti, ma questi ormai non lo divertivano più: aveva capito che la felicità abita altrove.

Nella *Leggenda dei tre Compagni* troviamo mirabilmente descritto quel momento decisivo della sua vita: «Tornato che fu dunque ad Assisi [da Spoleto], dopo alcuni giorni i suoi amici lo elessero una sera loro signore, perché organizzasse a suo piacere le spese della serata. Egli fece allestire, come tante altre volte, una cena sontuosa. Terminato il banchetto, uscirono da casa. Gli amici lo precedevano tutti insieme, cantando per la città; lui, tenendo in mano il bastone (per così dire) del comando, camminava poco dietro di loro, ma invece di cantare era assorto nelle sue meditazioni.

D'improvviso il Signore lo visitò e il suo cuore fu colmo di tanta dolcezza, che non poteva muoversi né parlare e non riusciva a sentire o percepire se non quella soavità che lo aveva estraniato da ogni sensazione fisica, tanto che (come poi ebbe a confidare lui stesso) non avrebbe potuto muoversi da quel posto anche se lo avessero fatto a pezzi.

I suoi amici, voltandosi e scorgendolo rimasto così lontano, tornarono da lui e restarono trasecolati nel vederlo mutato quasi in un altro uomo. E allora gli chiesero: “A che cosa stavi pensando, che non ci hai seguiti? Hai forse pensato di prender moglie?” Rispose loro con slancio: “È vero. Stavo pensando di prendermi in sposa la ragazza più nobile, ricca e bella che mai abbiate visto”. E si misero a deriderlo. Francesco però disse questo non di sua iniziativa, ma ispirato da Dio. E in verità la sua sposa fu la vita religiosa che egli abbracciò, resa più nobile e ricca e bella dalla povertà.

E da quell’ora smise di adorare se stesso e cominciò a disprezzare le cose che prima amava, senza tuttavia farlo interamente, perché non si era ancora del tutto sciolto dalle vanità mondane.

Ma svincolandosi a mano a mano dai rumori del mondo, si studiava di celare nell’uomo interiore Cristo Gesù e la perla evangelica che desiderava acquistare con la vendita di ogni suo avere, nascondendosi agli occhi degli illusi, mentre spesso e quasi ogni giorno si immergeva segretamente nell’orazione. A tutto questo lo spingeva in certo modo anche quella misteriosa dolcezza che, facendogli visita sempre più spesso nell'anima, lo sospingeva alla preghiera perfino quando stava in piazza o in altri luoghi pubblici» (*Fonti Francescane* [FF] 1402-1403).

In quel periodo tanto delicato per Francesco, è stato determinante l'incontro con Gesù crocifisso nella chiesa di San Damiano. L'incontro avvenne nell'autunno dell'anno 1205, quando egli aveva ventiquattro anni.

Fu un incontro nel quale Gesù, per la prima volta, gli parlò al cuore, gli entrò nel cuore e lo interpellò personalmente: fu uno scossone, che lo svegliò dal sonno dell'indifferenza e della superficialità.

Francesco, per la prima volta, sentì Gesù vivo, Gesù presente, Gesù con gli occhi rivolti verso di lui... in attesa di una risposta.

Francesco certamente tante volte aveva pregato davanti al crocifisso, ma questo incontro determinò la svolta. Spesso in tanti cristiani (...e, forse, anche in noi!) viene a mancare proprio questo incontro forte con Gesù. Allora la fede si riduce a una fiamma smorta e la vita cristiana diventa una stanca abitudine; Dio resta lontano e quasi insignificante: viene a mancare lo scatto dell'entusiasmo e il coinvolgimento del cuore e, quindi, della vita che, in pratica, si svolge come se Dio non esistesse.

Però l'incontro decisivo di Francesco con Gesù è preparato da una crisi di sicurezze: Francesco molto presto capisce che il denaro non è la sicurezza su cui costruire la vita; poi lentamente capisce che neppure il potere, il successo e la gloria mondana sono le sicurezze su cui poter costruire la vita. La vita non può essere costruita su queste basi, perché esse cedono. Quanti non lo capiscono! Purtroppo!

L'orante del Salmo 4 esclama: «O figli dell'uomo, fino a quando oltraggerete la mia gloria adorando il nulla e ricercando l'illusione?» (v. 3). Quanto spesso accade così!

Francesco capisce tutto questo e contemporaneamente scopre anche la propria insufficienza, la propria fragilità, e "smette di adorare se stesso". È il salto decisivo della sua vita.

Questo atteggiamento lo accompagnerà per tutta la sua esistenza.

«Chi sei tu, dolcissimo Dio mio? Chi sono io, vilissimo verme e inutile servo tuo?» ripeterà continuamente nel silenzio della Verna, mentre frate Leone stupefatto ascoltava.

E nel libro dei *Fioretti* troviamo questo incantevole e significativo episodio.

«Dimorando una volta santo Francesco nel luogo della Porziuncola con Frate Masseo da Marignano, uomo di grande santità, discrezione e grazia nel parlare di Dio, per la qual cosa santo Francesco molto l'amava; uno dì tornando santo Francesco dalla selva e dalla orazione, e sendo allo uscire dalla selva, il detto frate Masseo volle provare sì com'egli fusse umile, e fecieglisi incontra, e quasi proverbiando disse: "Perché a te, perché a te, perché a te?" Santo Francesco risponde: "Che è quello che tu vuoi dire?" Disse Frate Masseo: "Dico, perché a te tutto il mondo viene dirieto, e ogni persona pare che desideri di vederti e d'udirti e d'obbidirti? Tu non se' bello uomo del corpo, tu non se' di grande scienza, tu non se' nobile; onde dunque a te che tutto il mondo ti venga dietro?"

Udendo questo santo Francesco, tutto rallegrato in spirito rizzando la faccia al cielo, per grande spazio istette colla mente levata in Dio; e poi ritornando in sé, s'inginocchiò e rendette laude e grazia a Dio; e poi con grande fervore di spirito si rivolse a frate Masseo e disse: "Vuoi sapere perché a me? vuoi sapere perché a me? vuoi sapere perché a me tutto 'l mondo mi venga dietro? Questo io ho da quelli occhi dello altissimo Iddio, li quali in ogni luogo contemplano i buoni e li rei: imperciò che quelli occhi santissimi non hanno veduto fra li peccatori nessuno più vile, né più insufficiente, né più grande peccatore di me"» (FF 1838).

E il fatto straordinario è che Francesco di questo

era pienamente convinto. Noi talvolta lo diciamo, ma nel segreto del cuore non ne siamo convinti.

A tale proposito san Bonaventura riferisce un episodio che svela i sentimenti intimi di Francesco. Ecco il racconto incantevole: «Francesco, tanto in se stesso quanto negli altri, preferiva l'umiltà a tutti gli onori e perciò quel Dio che ama gli umili lo giudicava degno della gloria più eccelsa, come mostrò la visione avuta da un frate, che era uomo di singolare virtù e devozione. Questi, mentre era compagno di viaggio dell'uomo di Dio, pregando una volta con lui in una chiesa abbandonata, venne rapito in estasi.

Vide nel cielo molti seggi e, tra essi, uno più splendido e glorioso di tutti gli altri, costellato di pietre preziose. Ammirando la meraviglia di quel trono così eminente, cominciò a chiedersi ansiosamente chi mai fosse il destinato a occuparlo. In mezzo a questi pensieri, udì una voce che gli diceva: "Questo seggio apparteneva a uno degli angeli precipitati ed ora è riservato per l'umile Francesco". Ritornato finalmente in sé, dopo quella preghiera estatica, il frate seguì, alla solita maniera, l'uomo beato che stava uscendo dalla chiesa.

Procedendo nel cammino, mentre si parlavano scambievolmente di Dio, quel frate, che aveva la visione ben impressa nella mente, colse abilmente l'occasione per chiedere a Francesco che opinione aveva di se stesso.

E l'umile servo di Cristo gli disse: "Mi sembra di essere il più gran peccatore". Il frate gli replicò che, in tutta coscienza, non poteva né pensare né dire una cosa simile; ma egli spiegò: "Se Cristo avesse trattato il più scellerato degli uomini con la stessa misericordia e bontà con cui ha trattato me, sono sicuro che quello sarebbe molto più riconoscente di me a Dio".

Ascoltando queste umili parole, il frate ebbe la conferma che la sua visione era veritiera, ben sapendo che, secondo la testimonianza del santo Vangelo, il vero umile verrà innalzato a quella gloria eccelsa, da cui il superbo viene respinto» (*Legenda maior*, FF 1111).

Noi spesso facciamo soltanto atti apparenti di umiltà, ma il nostro cuore resta abitato dall'orgoglio.

Per Francesco, la decisione formidabile di non adorare più se stesso prepara il salto tra le braccia di Dio.

Una cosa sia ben chiara: finché l'io è al centro, Dio sarà sempre in periferia. Non dimentichiamolo!

Il rischio per noi è questo: fingere di fare o di aver fatto il salto verso Dio, mentre teniamo il piede in due o più staffe vivendo una vita di continui compromessi.

Tutti, purtroppo, abbiamo tanti "dèi" nascosti, ma non lo vogliamo ammettere. Dobbiamo fare verità dentro noi stessi e con noi stessi come fece Francesco: soltanto così comincia la conversione.

Dobbiamo arrivare a ripetere con convinzione le parole del salmo 16: «Si affrettino altri a costruire idoli!» (v. 4). Quanti idoli vediamo in giro, quanta gente stoltamente si inginocchia davanti a fantasmi che presto scompariranno!

«Si affrettino altri a costruire idoli: io non spanderò le loro libazioni di sangue, né pronunzierò con le mie labbra i loro nomi». Come è bella questa decisione! Dice il salmista: io non voglio neppure pronunziare il nome dei falsi dèi, non voglio perdere tempo a costruire castelli di sabbia! Esiste un solo tesoro e io non voglio perderlo!

«Il Signore è mia parte d'eredità e mio calice: nelle tue mani è la mia vita. Per me la sorte è caduta su luoghi deliziosi, la mia eredità è magnifica» (Sal 16,5-6).

Dio conceda anche a noi di poter dire con verità e con convinzione queste parole!

4

FACCIAMO UN PO' DI STRADA CON FRANCESCO

Ma come possiamo capire che la nostra sicurezza poggia tutta su Gesù, e quindi su una base solida?

Francesco ci risponde nel celebre episodio della "perfetta letizia".

Ascoltiamolo attentamente:

«Lo stesso [fra Leonardo] riferì [...] che un giorno il beato Francesco, presso Santa Maria [degli Angeli], chiamò frate Leone e gli disse: "Frate Leone, scrivi". Questi rispose: "Ecco, sono pronto". "Scrivi – disse – quale è la vera letizia".

"Viene un messo e dice che tutti i maestri di Parigi sono entrati nell'Ordine; scrivi: non è vera letizia. Così pure che [sono entrati nell'Ordine] tutti i prelati d'oltralpe, arcivescovi e vescovi, e anche il re di Francia e il re d'Inghilterra; scrivi: non è vera letizia. Ancora, [si annuncia] che i miei frati sono andati tra gli infedeli e li hanno convertiti tutti alla fede, e inoltre che io ho ricevuto da Dio tanta grazia che risano gli infermi e faccio molti miracoli; io ti dico: in tutte queste cose non è vera letizia".

"Ma quale è la vera letizia?"

"Ecco, io torno da Perugia e a notte fonda arrivo qui, ed è tempo d'inverno fangoso e così freddo che all'estremità della tonaca si formano dei dondoli d'acqua fredda congelata, che mi percuotono continuamente le gambe, e da quelle ferite esce il sangue. E io tutto nel fango e nel freddo e nel ghiaccio, giungo alla porta e, dopo che ho picchiato e chiamato a lungo, viene un frate e chiede: 'Chi è?'. Io rispondo: 'Frate Francesco'. E quegli dice: 'Vattene, non è ora decente questa di andare in giro; non entrerai'. E poiché io insisto ancora, l'altro risponde: 'Vattene, tu sei un semplice ed un idiota, qui non ci puoi venire ormai; noi siamo tanti e tali che non abbiamo più bisogno di te'. E io resto ancora davanti alla porta e dico: 'Per amor di Dio, accoglietemi per questa notte'. E quegli risponde: 'Non lo farò. Vattene al luogo dei Crociferi e chiedi là'.

Io ti dico che, se avrò avuto pazienza e non mi sarò inquietato, in questo è vera letizia e vera virtù e la salvezza dell'anima"» (FF 278).

Evidentemente non sono le incomprensioni che danno la perfetta letizia! Però se le incomprensioni e le prove mi lasciano sereno, io ho la certezza di poggiare totalmente su Gesù: e Gesù è fedele e, pertanto, il mio cuore abiterà sempre nella "perfetta letizia", perché dove c'è Dio, c'è la gioia.

Aveva perfettamente ragione Fëdor Dostoevskij quando disse: «Dio è l'esclusivo proprietario della gioia!»

Se, invece, un'incomprensione o un'umiliazione ti mettono in crisi, vuol dire che il tuo orgoglio è ancora pienamente padrone della tua vita: e allora non conoscerai mai la perfetta letizia.

«Ogni albero infatti si riconosce dal suo frutto: non si raccolgono fichi dagli spini, né si vendemmia uva da un rovo» (Lc 6,44).

È l'albero buono che dà frutti buoni! Ma se l'albero è buono, non potrà cambiare frutti con il cambiare delle circostanze.

Se io mi accorgo che prendo atteggiamenti buoni soltanto quando qualcuno mi vede, evidentemente non sono una persona buona ma voglio apparire tale: e questa è finzione! Se nel fare il bene mi fermo e torno indietro quando trovo una difficoltà o un'ingratitudine, allora è chiaro che la mia bontà è paurosamente superficiale: infatti se credo nel valore del bene, io continuo a farlo anche quando non sono apprezzato, perché l'albero buono dà sempre frutti buoni.

Papa Giovanni XXIII, vero maestro di carità, un giorno fece notare: «La bontà vigilante, paziente e longanime arriva ben più in là, che non il rigore e il frustino».

Quante pagine della storia sarebbero state scritte in modo diverso, se all'odio di qualcuno un altro avesse risposto con l'amore! Anche nella nostra vita quotidiana, quante cose sarebbero andate e andrebbero diversamente se noi cristiani puntualmente vivessimo la carità come risposta all'odio!

Quante occasioni perdute!

Gesù, nel Vangelo, indica alcune particolari applicazioni della carità, per farci capire quanto è ampio l'orizzonte della bontà. Dice il Signore: «Benedite coloro che vi maledicono, pregate per coloro che vi trattano male. A chi ti percuote sulla guancia, offri anche l'altra; a chi ti strappa il mantello, non rifiutare neanche la tunica» (Lc 6,28-29).

Evidentemente queste non sono affermazioni da prendere alla lettera e da applicare materialmente. Gesù stesso, quando ricevette uno schiaffo dal soldato, non porse materialmente l'altra guancia: eppure non rinnegò questa parola. Tutt'altro! Infatti queste affermazioni sottolineano lo spirito con cui bisogna reagire a chi ci fa del male: il male subìto non deve far scattare in noi il desiderio della vendetta, ma il desiderio di amare di più. Sventurato, infatti, non è chi subisce un torto, ma chi lo fa.

Chi subisce un torto ha una grande occasione: con

la bontà e con la mitezza può togliere terreno a chi è violento; con la pazienza può fermare l'arrogante, perché gli toglie il motivo dell'arroganza e lo lascia solo nella sua scelta.

San Francesco d'Assisi ha certamente aperto più strade al cristianesimo di quante non ne abbiano aperte tutte le imprese militari dei cristiani. E Massimiliano Kolbe ha spento più odio con la sua eroica carità di quanto non riusciamo a spegnerne noi con tutte le nostre prediche.

Papa Giovanni XXIII, con la sua consueta semplicità e sapienza, fece notare che molta gente, anche recitando il *Confiteor*, amerebbe battere il petto degli altri e gridare con soddisfazione: per sua colpa, per sua colpa, per sua grandissima colpa!

No, non è così che si progredisce nel bene! Non è così che si possono aiutare i fratelli! La correzione fraterna è possibile soltanto in un contesto di grande amore alla verità e in un clima di vera e autentica umiltà. Infatti soltanto l'umile sa correggere il fratello con la dolcezza di Dio; soltanto l'umile sa correggere senza mortificare.

Leggendo il *Giornale dell'anima* di papa Giovanni XXIII si resta sorpresi davanti a pagine severe, in cui egli esamina la propria vita, i propri pensieri, le più segrete intenzioni del suo cuore.

Come san Francesco, egli non perde occasione per

mettersi in discussione e più volte annota nel suo diario: «Non mi costa fatica dichiarare che non sono niente e non valgo niente».

Papa Giovanni XXIII aveva davvero messo l'orgoglio sotto i piedi: per questo egli era mite e sereno, buono e compassionevole con il suo prossimo. Nel suo testamento spirituale arriva a scrivere: «Chiedo perdono a coloro che avessi inconsciamente offeso. Sento di non aver nulla da perdonare a chicchessia, perché in quanti mi conobbero ed ebbero rapporti con me — mi avessero anche offeso o disprezzato o tenuto, giustamente del resto, in disistima, o mi fossero stati motivo di afflizione — non riconosco che dei fratelli e dei benefattori, a cui sono grato e per cui prego e pregherò sempre».

Così sono i santi: severi con se stessi, perché a se stessi si può parlare con severità; ma indulgenti con il prossimo, perché il prossimo può accettare una nostra correzione soltanto se sente che parte da un cuore pieno di carità, pieno di bontà.

Il diavolo esulta quando ci può rapire il gaudio dello spirito

Tommaso da Celano, primo biografo di san Francesco, ci ha conservato una fresca notizia su ciò che pensava il Poverello di Assisi riguardo alla gioia del cuore.

Ascoltiamolo:

«Questo santo [Francesco] assicurava che la letizia spirituale è il rimedio più sicuro contro le mille insidie e astuzie del nemico. Diceva infatti: "Il diavolo esulta soprattutto quando può rapire al servo di Dio il gaudio dello spirito. Egli porta della polvere che cerca di gettare negli spiragli, per quanto piccoli, della coscienza e così insudiciare il candore della mente e la mondezza della vita. Ma – continuava – se la letizia di spirito riempie il cuore, inutilmente il serpente tenta di iniettare il suo veleno mortale. I demoni non possono recare danno al servo di Cristo, quando lo vedono santamente giocondo. Se invece l'animo è malinconico, desolato e piangente, con tutta facilità o viene sopraffatto dalla tristezza o è trasportato verso le gioie frivole".

Per questo il santo cercava di rimanere sempre nel giubilo del cuore, di conservare l'unzione dello spirito e l'olio della letizia. Evitava con la massima cura la malinconia, il peggiore di tutti i mali, tanto che correva il più presto possibile all'orazione, appena ne sentiva qualche cenno nel cuore.

"Il servo di Dio – spiegava – quando è turbato, come capita, da qualcosa, deve alzarsi subito per pregare e perseverare davanti al Padre sommo sino a che gli restituisca la gioia della sua salvezza. Perché, se permane nella tristezza, crescerà quel male babilonese e, alla fine, genererà nel cuore una ruggine indelebile, se non verrà tolta con le lacrime» (*Vita Seconda*, FF 709).

Come sono veri i consigli di Francesco! Proviamo a seguirli con docilità e lentamente la gioia sboccerà dentro di noi come un delicato e silenzioso fiore primaverile.

5

«FRANCESCO, VA' E RIPARA LA MIA CASA»

Ritorniamo all'esperienza di San Damiano.

Nella chiesa di San Damiano Francesco entra con il cuore povero, con il cuore che aveva mandato in frantumi il nemico che tutti abbiamo dentro: l'orgoglio.

E sente Gesù!

Sant'Agostino visse la stessa esperienza. Nelle sue *Confessioni* dichiara: «Io non cercavo Gesù da umile a umile e, pertanto, non lo trovavo» (7, 18, 24).

L'umiltà è il luogo dell'incontro con Dio e la condizione indispensabile per captare la sua voce.

Jacques Bénigne Bossuet, sul finire del secolo XVII, fece questa acuta riflessione: «Molti si meravigliano perché sembra che Dio si sia nascosto e si chiedono perché. La risposta è semplice: l'umiltà è sparita e Dio si trova a disagio in un mondo pieno di orgogliosi. Anche se Dio parlasse, nessuno riuscirebbe a sentire la sua voce: l'orgoglioso non può sentire la voce di Dio». Quanto è vero!

Infatti soltanto dopo aver messo l'orgoglio sotto i piedi, Francesco sente Gesù che lo chiama per nome: «Francesco!»

Come un mendicante, Gesù gli dice: «Francesco, ripara la mia casa che, come vedi, va tutta in rovina».

Cerchiamo di scavare nel significato di queste parole per poter capire quali orizzonti si aprirono nell'animo di Francesco.

Nell'incontro con Gesù crocifisso, prima di tutto Francesco capisce che l'uomo ha il potere di devastare la casa di Dio, perché Dio ci lascia veramente liberi: fa paura questa verità, ma è decisivo capirlo. È possibile diventare Giuda! È possibile! E per tutti! Don Primo Mazzolari, nell'omelia di un giovedì santo, coraggiosamente disse: «Attorno a ogni mensa eucaristica aleggia l'ombra di Giuda. Dobbiamo vigilare e lottare affinché la sua ombra non coincida con la nostra ombra!» Sono parole drammaticamente vere.

Francesco inoltre capisce che Dio sta bussando alla porta della sua libertà e aspetta una sua personale risposta.

Come accadde per Mosè che si sentì chiamare per nome e provò tanta meraviglia quando Dio gli disse: «Ora va' dal Faraone» (cfr. Es 3,10).

Come accadde a Isaia, il quale, durante un momento di intensa preghiera, ebbe con Dio un dialogo che gli cambiò totalmente la vita: «Nell'anno in cui morì il re Ozia, io vidi il Signore seduto su un trono alto ed elevato; i lembi del suo manto riempivano il tempio. Sopra di lui stavano dei serafini; ognuno aveva sei ali: con due si copriva la faccia, con due si copriva i piedi e con due volava. Proclamavano l'uno all'altro, dicendo: "Santo, santo, santo il Signore degli eserciti! Tutta la terra è piena della sua gloria". Vibravano gli stipiti delle porte al risuonare di quella voce, mentre il tempio si riempiva di fumo. E dissi: "Ohimè! Io sono perduto, perché un uomo dalle labbra impure io sono e in mezzo a un popolo dalle labbra impure io abito; eppure i miei occhi hanno visto il re, il Signore degli eserciti". Allora uno dei serafini volò verso di me; teneva in mano un carbone ardente che aveva preso con le molle dall'altare. Egli mi toccò la bocca e disse: "Ecco, questo ha toccato le tue labbra, perciò è scomparsa la tua colpa e il tuo peccato è espiato". Poi io udii la voce del Signore che diceva: "Chi manderò e chi andrà per noi?". E io risposi: "Eccomi, manda me!"» (Is 6,1-8).

Così dovrebbe accadere anche a noi! Francesco, da parte sua, prese sul serio l'appello di Gesù.

Francesco, infine, nell'incontro con Gesù nella chiesetta di San Damiano, capisce che Dio possiede soltanto la forza dell'amore: il Crocifisso è un urlo di amore che attraversa i secoli e ognuno deve percepirlo personalmente. La santità scatta quando si sente questo grido, che scuote le pareti dell'indifferenza e fa esclamare con san Paolo: «L'amore del Cristo ci spinge, al pensiero che uno è morto per tutti e quindi tutti sono morti. Ed egli è morto per tutti, perché quelli che vivono non vivano più per se stessi, ma per colui che è morto e risuscitato per loro» (2Cor 5,14-15).

Francesco sente il grido del Crocifisso ed è ferito da questa esperienza, nella quale scopre la potenza e insieme la fragilità dell'amore di Dio: sì, l'amore è forte e fragile contemporaneamente.

Riferisce Tommaso da Celano: «Da quel momento si fissò nella sua anima santa la compassione del Crocifisso e [...] le venerate stimmate della passione [le ferite dell'amore] gli si impressero profondamente nel cuore» (*Vita Seconda*, FF 594).

E da quel momento la vita di Francesco divenne una risposta d'amore all'Amore di Gesù. E soffrirà tantissimo nel vedere che l'Amore di Gesù non è amato, non è corrisposto.

Significativo è l'episodio accadutogli nei pressi della Porziuncola. Riferisce ancora Tommaso da Celano: «Da allora, non riesce più a trattenere le lacrime e piange anche ad alta voce la passione di Cristo, che gli sta sempre davanti agli occhi. Riempie di gemiti le vie, rifiutando di essere consolato al ricordo delle piaghe di Cristo. Incontrò, un giorno, un suo intimo amico e, avendogli manifestato la causa del dolore, subito anche questi proruppe in lacrime amare» (*ibidem*).

Chi di noi ha mai raccontato la propria fede a qualcuno fino a farlo piangere di commozione? La nostra fede è più piccola di un granellino di senape: per questo è sterile, non è convincente, non attira gli altri a Gesù.

Potessimo capirlo! Quante cose cambierebbero attorno a noi!

6

IL BISOGNO IRRESISTIBILE DI POVERTÀ

L'esperienza di Dio come «sommo amore – sommo bene – tutto il bene» produce in Francesco l'inevitabile conseguenza della libertà della povertà: sia ben chiaro che la povertà di Francesco non è disprezzo delle cose del mondo (tutt'altro!), ma è conseguenza della scoperta della vera ricchezza del vero tesoro della vita: che è Dio fatto a noi vicino in Gesù e avvicinabile in Gesù.

Quanto è importante capire questo!

L'attaccamento fortissimo alla povertà è per Francesco il modo di esprimere la convinzione fortissima che Dio è «il sommo bene – tutto il bene».

Ma se Dio non è percepito come il "sommo bene", la povertà è impossibile... perché il cuore va comunque riempito. Questo è terribilmente vero e l'esperienza lo dimostra abbondantemente.

Riferisce san Bonaventura: «Il santo, notando come la povertà, che era stata intima amica del Figlio di Dio, ormai veniva ripudiata da quasi tutto il mondo, volle farla sua sposa, amandola di eterno amore, e per lei non soltanto lasciò il padre e la madre, ma generosamente distribuì tutto quanto poteva avere.

Nessuno fu così avido d'oro, quanto Francesco fu avido della povertà; nessuno fu più bramoso di tesori, quanto Francesco di questa perla evangelica. Niente offendeva il suo occhio più di questo: vedere nei frati qualche cosa che non fosse del tutto in armonia con la povertà» (*Legenda maior*, FF 1117). Queste osservazioni di san Bonaventura sono di impressionante attualità.

Tommaso da Celano nella *Vita Prima* ci riferisce che in Francesco l'amore per la povertà era un fatto religioso, era un contenuto della sua fede, era un'esigenza di somiglianza con "Cristo povero" seguendo la Madonna "poverella". Di conseguenza Francesco vedeva Cristo in ogni povero e arrivava a invidiare la povertà di chi era più povero di lui. Perché? Perché lo riteneva più vicino a Gesù! Fatto veramente paradossale!

Ecco quanto scrive il fedele biografo: «Padre dei poveri e povero lui stesso, Francesco, facendosi povero con i poveri, non poteva sopportare senza dolore di vedere qualcuno più povero di lui, non per desiderio di vanagloria, ma per intima compassione, e sebbene si contentasse di una tonaca misera e rozza, spesso bramava spartirla con qualche bisognoso. Ma era un povero ricchissimo che, spinto dalla sua struggente compassione, per poter aiutare i poveri quando il tempo era gelido, ricorreva ai ricchi chiedendo a prestito un mantello o indumenti in pelle. Se questi glieli davano con maggior entusiasmo di quello con cui il beatissimo padre li domandava, dichiarava: "Accetto di riceverli, ma a condizione che non vi aspettiate mai più di riaverli". E tutto esultante e contento ne rivestiva il primo povero che gli capitasse di incontrare.

Non poteva soffrire che qualcuno insultasse un povero e proferisse una parola offensiva verso qualche creatura. Or accadde che un frate facesse un'allusione maligna su un poveretto che chiedeva supplicante l'elemosina: "Bada, non vorrei che tu fossi ricco e ti fingessi bisognoso!" Come l'udì, il padre dei poveri, san Francesco, ne ebbe grande dolore e rimproverò molto duramente il frate che aveva pronunciato quelle parole, e gli ordinò di spogliarsi davanti al mendicante e di chiedergli perdono, baciandogli i piedi. Era solito dire: "Chi tratta male un povero fa ingiuria a Cristo, di cui quello porta la nobile divisa, e che per noi si fece povero in questo mondo". Spesso perciò, incontrando qualche povero con carichi di legna o altri pesi, per aiutare se li caricava sulle spalle, sebbene fosse assai debole» (FF 453-454).

Nella *Vita Seconda* Tommaso da Celano ritorna a sottolineare questo fatto e scrive: «Mentre aveva allontanato da sé ogni invidia, non poté rimaner privo della sola invidia della povertà. Se vedeva qualcuno più povero di lui, ne provava subito un sentimento di gelosia, e, cimentandosi in una gara di povertà, temeva di essere superato a suo confronto.

Una volta, mentre andava predicando, incontrò sulla strada un povero. Osservando la sua nudità, si rivolse addolorato al compagno: "La miseria di questo uomo ci fa grande vergogna e rimprovera sommamente la nostra povertà".

"Perché, fratello?" chiese il compagno.

E il santo con accento triste: "Ho scelto per mia ricchezza e mia donna la povertà; ma ecco che rifulge maggiormente in costui. Non sai tu che si è sparsa per tutto il mondo la fama che noi siamo i più poveri per amore di Cristo? Ma questo povero ci convince che le cose non stanno così".

O invidia, quale non si è mai vista! O emulazione, che i figli dovrebbero emulare! Questa non è l'invidia che si affligge dei beni altrui o che si rabbuia ai raggi del sole. Non è quella che si contrappone alla pietà e si torce per il livore. O forse tu pensi che la povertà evangelica non abbia nulla che susciti invidia? Essa ha Cristo, e per mezzo di lui ha il tutto in tutte le cose. Perché allora sei così avido di rendite, o ecclesiastico dei nostri giorni? Domani riconoscerai che Francesco è stato ricco, quando nella tua mano troverai le rendite dei tormenti» (FF 670-671).

Non oso commentare queste parole e invito tutti ad accoglierle come una salutare frustata.

Sant'Ambrogio ai cristiani del suo tempo dava questo consiglio: «Ti voglio indicare dove puoi ben conservare la ricchezza, dove puoi custodirla in modo che nessun ladro possa portartela via. Chiudila dentro il cuore dei poveri, dove nessun tarlo la divora e dove l'invecchiamento non la guasta. Hai per sicuro deposito [oggi potremmo dire: hai per sicura banca!] le tasche dei poveri, le case delle vedove, le bocche degli orfani» (*Naboth* 7, 37).

Francesco d'Assisi seguì questi consigli. Chi capisce questo, ha raggiunto la vera sapienza. E non sarà deluso, perché il garante è Dio stesso.

Piccolo Testamento dettato a Siena nel maggio 1226

La familiarità con il mistero di Dio fatto a noi vicino e da noi avvicinabile in Gesù, svela a Francesco una caratteristica commovente e irrinunciabile di Dio: la povertà.

La povertà era talmente percepita come "ricchezza" che Francesco la lasciò in eredità a tutti coloro che avrebbero voluto seguirlo. A Siena, sentendo aggravarsi le sue condizioni di salute, dettò un "piccolo testamento", nel quale brillano le convinzioni che hanno guidato tutta la sua vita:

«Scrivi che benedico tutti i miei frati, che sono ora in questa Religione e quelli che vi entreranno sino alla fine del mondo. E siccome, a motivo della debolezza e per la sofferenza della malattia, non posso parlare, brevemente manifesto ai miei frati la mia volontà in queste tre parole.

Cioè: in segno e memoria della mia benedizione e del mio testamento, sempre si amino gli uni gli altri, sempre amino ed osservino nostra signora la santa povertà, e sempre siano fedeli e sottomessi ai prelati e a tutti i chierici della santa madre Chiesa» (FF 132-135).

7

LA LOTTA CON IL PADRE E L'INIZIO DELL'AVVENTURA FRANCESCANA

Evidentemente – lo possiamo immaginare – il padre lottò con tutte le forze per fermare il figlio e bloccare la sua scelta di povertà, che si scontrava con i suoi sogni di grandezza e di potere.

Ma dopo la "notte di Spoleto" Francesco lentamente si stacca dalla vita frivola dei suoi coetanei e comincia un viaggio verso una terra per lui, fino ad allora, sconosciuta: la terra della vera grandezza e della vera felicità. E nessuno riuscirà a fermarlo.

Un giorno Francesco fa un carico di stoffe preziose e, cavalcando velocemente il suo destriero, raggiunge Foligno e riesce a vendere tutto raccogliendo un bel gruzzolo di denaro per darlo ai poveri e restaurare la chiesetta di San Damiano.

La madre osserva i gesti di Francesco con grande stupore, ma non riesce a fermare l'impeto travolgente del figlio, che non segue più i comportamenti abituali dei giovani di Assisi.

Il padre era quasi sempre lontano e, tornando dai viaggi, veniva informato delle stravaganze del figlio. Inizialmente Pietro di Bernardone non diede troppa importanza ai comportamenti inusuali del figlio, ritenendoli esuberanze di gioventù, delle quali dava un po' di colpa alla madre.

Francesco però arrivò a rompere gli argini e, una volta, compì il gesto estremo di abbracciare e baciare un lebbroso.

I lebbrosi facevano paura a tutti e tutti li evitavano con terrore: il comportamento di Francesco, pertanto, sembrava una follia.

Ecco il racconto di Tommaso da Celano:

«Fra tutti gli orrori della miseria umana, Francesco sentiva ripugnanza istintiva per i lebbrosi. Ma ecco, un giorno ne incontrò proprio uno, mentre era a cavallo nei pressi di Assisi. Ne provò grande fastidio e ribrezzo; ma per non venire meno alla fedeltà promessa, come trasgredendo un ordine ricevuto, balzò da cavallo e corse a baciarlo. E il lebbroso, che gli aveva steso la mano, come per ricevere qualcosa, ne ebbe contemporaneamente denaro e un bacio. Subito risalì a cavallo, guardò qua e là – la campagna era aperta e libera tutt'attorno da ostacoli – ma non vide più il lebbroso. Pieno di gioia e di ammirazione, poco tempo dopo volle ripetere quel gesto: andò al lebbrosario e, dopo aver dato a ciascun malato del denaro, ne baciò la mano e la bocca. Così preferiva le cose amare alle dolci, e si preparava virilmente a mantenere gli altri propositi» (*Vita Seconda*, FF 592).

Il padre corre ai ripari e lotta ferocemente contro le scelte del figlio, che a lui apparivano assurde: da questa lotta Pietro di Bernardone uscirà completamente sconfitto.

Inizialmente rimprovera Francesco, poi lo minaccia, poi lo percuote e, infine, lo tiene in prigione in uno scantinato: ma tutto sarà inutile!

Ad Assisi, intanto, tutti parlavano di Francesco e pensavano che avesse perso la testa. Ciò rendeva ancora più feroce il padre e lo spingeva a tentare ogni via per tirar fuori il figlio dal disonore delle sue strane scelte.

Seguiamo il racconto del biografo, che ci riferisce tanti particolari del memorabile scontro tra il ricco mercante innamorato dei soldi e il figlio innamorato della povertà.

«Avvenne che il padre per affari urgenti di famiglia dovette assentarsi per un po' di tempo da casa, e il servo di Dio rimase legato nella sua prigione. Allora la madre, che era rimasta sola con lui, disapprovando l'azione del marito, parlò con tenerezza al figlio. Accortasi che niente poteva dissuaderlo dalla sua scelta, la madre si sentì commuovere per lui e, scioltigli i legami, lo lasciò libero. Ed egli, ringraziando Iddio onnipotente, senza perdere un istante, se ne tornò al luogo dove aveva dimorato prima. Aveva ormai maggiore libertà e, provato dalle tentazioni e dalle numerose lotte, aveva assunto un aspetto più sereno; le ingiurie gli avevano reso l'animo più sicuro, e se ne andava ovunque libero e con maggior fermezza.

Frattanto il padre rincasa e non trovandolo, accumulando peccati su peccati, tempesta di rimproveri la moglie. Poi furente e imprecante, corre alla nota località [a San Damiano], nel tentativo di almeno allontanarlo dalla contrada, se non gli fosse riuscito di piegarlo a ritornare alla sua vita precedente.

Questa volta però, poiché chi teme il Signore è sicuro di trovare in lui ogni forza, il figlio della grazia, appena sentì che il padre terreno veniva a cercarlo, gli andò incontro spontaneamente, sicuro e lieto, dichiarando di non aver più paura delle sue catene e delle sue percosse, e di essere pronto a sopportare con gioia ogni male nel nome di Cristo.

Allora il padre, visto vano ogni sforzo per distoglierlo dal nuovo cammino, rivolge tutto il suo interesse a farsi restituire il denaro. L'uomo di Dio aveva deciso di usarlo per nutrire i poveri e per il restauro della cappella; ma, staccato com'era da esso, non si lasciò sedurre dal miraggio apparente di poterne trarre del bene e non gli dispiacque affatto di doverlo perdere. Ritrovata la borsa del denaro che egli, gran disprezzatore dei beni terreni e assetato di quelli celesti, aveva scagliato in mezzo alla polvere di una finestra, si placò alquanto il furore del padre e, con quel ritrovamento, diminuì in parte anche la sua avidità. Di là lo condusse davanti al Vescovo della città, perché facesse nelle sue mani la rinuncia di tutte le sue sostanze e la restituzione completa di quanto possedeva» (*Vita Prima*, FF 341-343).

A Francesco non parve vero: era l'occasione propizia per dire davanti a tutti la sua irrevocabile decisione.

Immaginiamo la scena.

Il vescovo Guido si trova tra il figlio e il padre, mentre la gente accorre e forma un cerchio di curiosità e d'ironia.

Pietro di Bernardone grida con rabbia: «Costui dilapida tutto il mio patrimonio, accumulato con tanta fatica. Avevo fatto progetti grandiosi su di lui partendo dalla stessa scelta del nome, ma ora la mia delusione ha raggiunto limiti insopportabili. Lo rifiuto come figlio e voglio che mi restituisca tutto quanto gli ho dato».

Francesco ascolta in silenzio e guarda il padre con immutato affetto: forse si rende conto che il padre è incapace di capire ciò che è accaduto nella sua vita.

Intanto la gente incuriosita aspetta la risposta di

Francesco e il vescovo con lo sguardo sembra che gli dica: «E tu? Cosa rispondi?»

La risposta arriva serena e mite come un belato di un agnello, ma anche decisa come un fulmine: «D'ora in poi non mi chiamerò più Francesco figlio di Pietro di Bernardone, ma mi chiamerò Francesco figlio del Padre che è nei cieli».

E mentre pronuncia queste parole, si toglie i vestiti di stoffa preziosa avuti dal padre e li depone ai suoi piedi dicendogli con gli occhi: «Perdonami, ma non posso fare diversamente: camminiamo su strade completamente diverse».

Il vescovo copre Francesco con il suo mantello, mentre la folla ammutolisce e diventa seria: forse intuisce che, in quel momento, si stava scrivendo la pagina più bella della storia di Assisi e una delle più belle della storia dell'umanità.

Per quanto sappiamo, l'incontro tra Francesco e il padre non avverrà più. La *Leggenda dei tre Compagni* riferisce: «Suo padre, a vederlo caduto in uno stato così miserabile, era in preda a cupo dolore. Siccome lo aveva amato ardentemente, vedendolo così cadaverico per le privazioni eccessive e per il freddo, provava tanta vergogna e sofferenza per lui, che lo copriva di maledizioni dovunque lo incontrava.

Ma l'uomo di Dio, considerando le maledizioni paterne, si prese come padre un poverello disprezzato e gli disse: "Vieni con me, e ti darò parte delle elemosine che riceverò. Quando vedrai mio padre maledirmi, io ti dirò: 'Benedicimi, o padre!'. E tu farai su di me il segno della croce e mi benedirai al suo posto". Mentre il povero lo benediceva così, l'uomo di Dio diceva a suo padre: "Non credi che il Signore possa darmi un padre che mi benedica, contro le tue maledizioni?"

Anche molti di quelli che lo schernivano, vedendolo sopportare con pazienza tutte le loro derisioni, erano colpiti da grande stupore e ammirazione» (FF 1423).

E Tommaso da Celano aggiunge: «Quando il padre lo vide perseverare nelle opere di bontà, considerando una pazzia il servire Cristo, cominciò a perseguitarlo e a straziarlo, ovunque lo incontrasse, con maledizioni. Allora il servo di Dio chiamò un uomo di umile condizione e semplice assai, e lo pregò che, facendo le veci del padre, quando questi moltiplicava le sue maledizioni egli di rimando lo benedicesse. Così tradusse in pratica e dimostrò con i fatti cosa significhi la parola del Salmista: "Essi malediranno e tu benedirai".

[...]

Anche il fratello, seguendo l'esempio del padre, lo investiva con parole velenose. Un mattino d'inverno, vide Francesco intento a pregare, coperto di poveri cenci e tutto tremante di freddo. E rivolto, quel perverso, a un concittadino disse: "Di' a Francesco che ti venda un soldo di sudore". "Lo venderò sì, io, a ben caro prezzo al mio Signore", rispose molto allegro e sorridente l'uomo di Dio, che l'aveva udito.

Niente di più vero! Perché ha guadagnato in questo mondo non solo cento, ma mille volte tanto, e nell'altro ha ottenuto per sé e per molti la vita eterna» (*Vita Seconda*, FF 596.598).

Da quel momento la famiglia di Francesco esce di scena e nulla ci è stato tramandato dai cronisti dell'epoca: d'ora in poi Francesco appartiene alla famiglia dell'umanità e la mano di Dio lo rende un segno luminoso per la sua epoca e per ogni epoca.

Oggi – lo dico per inciso – quanti genitori ostacolano la vocazione religiosa dei figli con atteggiamenti molto simili a quelli di Pietro di Bernardone! Facendo così, non si assumono una grande responsabilità? Non corrono il rischio di lottare contro Dio, con tutte le conseguenze che questo comporta?

Dal Testamento di san Francesco

Poco prima di morire, Francesco getta lo sguardo sulla sua vita e racconta con umiltà e candore la sua incantevole storia:

«E il Signore mi dette tale fede nelle chiese, che io così semplicemente pregavo e dicevo: "Ti adoriamo, Signore Gesù Cristo, anche in tutte le tue chiese che sono nel mondo intero e ti benediciamo, perché con la tua santa croce hai redento il mondo".

Poi il Signore mi dette e mi dà una così grande fede nei sacerdoti che vivono secondo la forma della santa Chiesa romana, a motivo del loro ordine, che se mi facessero persecuzione, voglio ricorrere proprio a loro. E se io avessi tanta sapienza, quanta ne ebbe Salomone, e trovassi dei sacerdoti poverelli di questo mondo, nelle parrocchie in cui dimorano, non voglio predicare contro la loro volontà.

E questi e tutti gli altri voglio temere, amare e onorare come miei signori. E non voglio considerare in loro il peccato, poiché in essi io discerno il Figlio di Dio e sono miei signori. E faccio questo perché, dello stesso altissimo Figlio di Dio nient'altro vedo corporalmente, in questo mondo, se non il santissimo corpo e il santissimo sangue suo, che essi ricevono ed essi soli amministrano agli altri» (FF 111-113).

8

FRANCESCO ATTIRA FOLLE DI GIOVANI

Lentamente tanti capiscono che il "pazzo" di Assisi forse è l'uomo che ha capito il segreto della vita più di tutti coloro che si ritengono "sapienti".

Dante Alighieri nella *Divina Commedia* osserva che "la povertà" tanto amata da Cristo era rimasta "vedova" per più di millecento anni, ma con Francesco la povertà trova un uomo pronto a sposarla nuovamente. L'esempio di Francesco contagia subito alcuni giovani di Assisi e Dante Alighieri commenta con evidente stupore:

Oh ignota ricchezza! Oh ben ferace!
Scalzasi Egidio, scalzasi Silvestro
dietro allo sposo, sì la sposa piace
(*Paradiso* XI, 82-84).

E infatti, catturati dalla decisione sconvolgente del figlio del mercante, molti giovani di Assisi lasciano ricchezze e comodità e si incamminano sulla via della povertà insieme a Francesco. Il fatto davvero impressiona e lascia col fiato sospeso.

Comincia Bernardo, uomo benestante che vende tutto e dona il ricavato ai poveri; segue Pietro Cattani, dotto canonico del duomo di San Rufino; si aggiunge Silvestro, sacerdote inizialmente molto frivolo; e arriva Egidio, umile contadino; e tanti si aggiungono ancora.

Ma cosa vogliono fare questi uomini che sfidano l'infezione dell'egoismo e dell'avidità, che colpisce la stragrande maggioranza dell'umanità? Vogliono seguire Francesco. E Francesco vuol vivere il Vangelo alla lettera: tutto qui!

Prende dimora accanto alla chiesina di Santa Maria degli Angeli, detta "Porziuncola", e vive in una capanna fatta di frasche: questo luogo sarà immensamente caro a Francesco al punto tale che, quando sentirà vicina "sorella morte", vorrà ritornare a questa culla che lo vide muovere i primi passi sulla strada della "altissima povertà".

Il biografo puntualmente riferisce: «Ma un giorno, in cui in questa chiesa si leggeva il brano del Vangelo relativo al mandato affidato agli apostoli di predicare, il santo, che era presente e ne aveva intuito solo il senso generale, dopo la Messa, pregò il sacerdote di spiegargli il passo. Il sacerdote glielo commentò punto per punto e Francesco, udendo che i discepoli di Cristo non devono possedere né oro, né argento, né denaro, né portare bisaccia, né pane, né bastone per via, né avere calzari, né due tonache, ma soltanto predicare il regno di Dio e la penitenza, subito, esultante di divino fervore, esclamò: "Questo voglio, questo chiedo, questo bramo di fare con tutto il cuore!"

Si affretta allora il padre santo, tutto pieno di gioia, a realizzare il salutare ammonimento; non sopporta indugio alcuno a mettere in pratica fedelmente quanto ha sentito: si scioglie immediatamente dai piedi i calzari, abbandona il suo bastone, si accontenta di una sola tunica, sostituisce la sua cintura con una cordicella. Da quell'istante confeziona per sé una veste che riproduce l'immagine della croce, per tener lontane tutte le seduzioni del demonio; la fa ruvidissima, per crocifiggere la carne e tutti i suoi vizi e peccati, e talmente povera e grossolana che il mondo non avrebbe mai potuto desiderarla.

Con somma cura e devozione si impegnava a compiere gli altri insegnamenti uditi. Egli infatti non era stato un ascoltatore sordo del Vangelo, ma, affidando a un'encomiabile memoria tutto quello che ascoltava, cercava con ogni diligenza di eseguirlo alla lettera» (*Vita Prima*, FF 356-357).

Forse, inizialmente, Francesco non prevedeva di essere seguito da tanti giovani: egli voleva semplicemente dire al mondo che la ricchezza è soltanto Gesù e la povertà è la mangiatoia in cui possiamo accoglierLo e averlo con noi come sorgente di pace e di gioia.

Ma i giovani vennero... e tanti... e al di là di ogni aspettativa. Bisognava, pertanto, dare loro una regola di vita e avere la benedizione.

Da chi? Dal papa!

E si mise, si misero in viaggio verso Roma con tanta umiltà.

9

POVERTÀ E UMILTÀ

È importante precisare che la povertà di Francesco non è una povertà polemica: non è una povertà contro qualcuno o per contestare qualcuno. La povertà di Francesco è conseguenza della ricchezza scoperta in Gesù: per questo sarà sempre una povertà lieta, una povertà umile, una povertà obbediente.

Nell'esperienza di Francesco la povertà e l'umiltà si sovrappongono.

Infatti la familiarità con il mistero di Dio fatto a noi vicino e da noi avvicinabile in Gesù, svela a Francesco una caratteristica sconvolgente e irrinunciabile di Dio: l'umiltà.

Sì, Dio è umile! Da Betlemme al Calvario tutto parla dell'umiltà di Dio. E Francesco, nella coerenza della fede, ha il coraggio di rivolgersi così a Dio: «Tu sei umiltà!»

E, di conseguenza, si butta nell'umiltà per essere in comunione con Dio e prova orrore della superbia e della disobbedienza, pessima figlia della superbia.

Riferisce san Bonaventura: «Disse una volta al suo compagno: "Non mi sembra di essere frate minore, se non sarò nello stato che ora sto per descriverti. Ecco: io sono superiore dei frati e vado al capitolo, predico e ammonisco i frati, e alla fine quelli si mettono a dire contro di me: 'Non sei adatto per noi: non sei istruito, non sai parlare, sei idiota e semplice!' Alla fine vengo scacciato ignominiosamente, tra le ingiurie di tutti. Ti dico: se non ascolterò tutto questo con la stessa faccia, con la stessa allegrezza di spirito e con lo stesso proposito di santità, non sono per niente un frate minore".

E aggiungeva: "Nella prelatura, la caduta; nella lode, il precipizio; nell'umile stato di suddito, il guadagno per l'anima. Come mai, allora, siamo più interessati al pericolo che al guadagno, dal momento che il tempo della vita ci è stato concesso per guadagnare?"

Proprio per questo motivo Francesco, modello di umiltà, volle che i suoi frati si chiamassero "minori" e che i prelati del suo Ordine avessero il nome di "ministri". In questo modo egli si serviva delle parole contenute nel Vangelo, che aveva promesso di osservare, mentre i suoi discepoli, dal loro stesso nome, apprendevano che erano venuti alla scuola di Cristo umile, per imparare l'umiltà» (*Legenda maior*, FF 1108-1109).

E l'umiltà diventa anche lo stile del suo apostolato. È riferito nella *Leggenda perugina*: «Dissero una volta alcuni frati al beato Francesco: "Padre, non vedi che i vescovi non ci permettono talora di predicare, obbligandoci a restarcene oziosi più giorni in qualche località, prima che possiamo parlare al popolo? Sarebbe più conveniente che tu ci ottenessi un privilegio del signor papa, a vantaggio della salvezza delle anime".

Rispose loro con tono di grande rimprovero: "Voi, frati minori, non conoscete la volontà di Dio e non mi permettete di convertire tutto il mondo nel modo voluto da Dio. Infatti, io intendo innanzitutto convertire i prelati con l'umiltà e il rispetto. E quando essi constateranno la nostra vita santa e la reverenza di cui li circondiamo, saranno loro stessi a pregarvi di predicare e convertire il popolo. E attireranno a voi la gente meglio dei privilegi da voi voluti, che vi indurrebbero a insuperbire. Se sarete liberi da ogni tornaconto e persuaderete il popolo a rispettare i diritti delle chiese, i prelati vi chiederanno di ascoltare le confessioni dei loro fedeli. Oltretutto, di questo non vi dovete preoccupare: se si convertiranno, troveranno senza difficoltà dei confessori. Io voglio per me questo privilegio dal Signore: non avere nessun privilegio dagli uomini, fuorché quello di mostrare riverenza per tutti e, in obbedienza alla santa Regola, di convertire la gente più con l'esempio che con le parole"» (FF 1565).

E l'umiltà Francesco voleva usarla con tutti: anche con i briganti. Ecco quanto racconta la *Leggenda perugina*: «In un romitorio di frati, posto sopra Borgo San Sepolcro, venivano ogni tanto dei briganti a chiedere il pane. Costoro stavano nascosti nelle grandi selve di quella contrada e talvolta uscivano fuori dalla strada e sui sentieri per depredare i passanti. Per questo motivo alcuni frati di quel luogo sostenevano: "Non è bene dar loro l'elemosina, visto che sono dei ladroni che fanno tanto male alla gente". Altri, considerando che i briganti chiedevano umilmente, spinti da grave necessità, davano loro qualche volta del pane, sempre esortandoli a convertirsi e fare penitenza.

Frattanto il beato Francesco venne in quel luogo e i frati gli esposero il problema, se cioè dovessero dare il pane ai briganti, oppure no. E disse loro il beato Francesco: "Se farete come vi dirò, confido nel Signore che guadagnerete le loro anime". E aggiunse: "Andate, procuratevi del buon pane e del buon vino, portateli a loro nei boschi dove sapete che si trovano e chiamateli gridando: 'Fratelli briganti, venite da noi: siamo i frati, e vi portiamo buon pane e buon vino!' Essi verranno subito da voi. Allora voi stenderete per terra una tovaglia, vi disporrete sopra il pane e il vino, e li servirete con umiltà e allegria, finché abbiano mangiato. Dopo il pasto, annunciate loro le parole del Signore e alla fine fate loro questa prima richiesta, per amor di Dio: che vi promettano di non percuotere nessuno e di non fare del male ad alcuno nella persona. Poiché, se domandate tutte le cose in una volta sola, non vi daranno ascolto; invece, vinti dall'umiltà e carità che dimostrerete loro, ve lo prometteranno.

Un altro giorno, grati della buona promessa che vi hanno fatto, procurate di aggiungere al pane e al vino anche uova e cacio; portate tutto a loro e serviteli, finché abbiano mangiato. Dopo il pasto direte loro: 'Ma perché state in questi posti tutto il giorno a morire di fame e a sopportare tanti disagi, facendo tanto male con il pensiero e con le azioni, a causa delle quali perdete le vostre anime se non vi convertirete al Signore? È meglio che serviate il Signore e lui vi darà in questa vita le cose necessarie al corpo, e alla fine salverà le vostre anime'. Allora il Signore, per la sua misericordia, li ispirerà a ravvedersi, grazie alla vostra umiltà e alla carità che voi avrete loro mostrato".

I frati si mossero ed eseguirono ogni cosa secondo le indicazioni del beato Francesco. E i briganti, per la misericordia di Dio e la sua grazia, discesa su di loro, ascoltarono ed eseguirono alla lettera, punto per punto, tutte le richieste che i frati avevano fatto loro. Anzi, per la familiarità e la carità dimostrata loro dai frati, cominciarono a portare sulle loro spalle la legna fino al romitorio. E così, per la misericordia di Dio e per la circostanza favorevole di quella carità e familiarità che i frati dimostrarono verso di loro, alcuni entrarono nella Religione, gli altri fecero penitenza promettendo nelle mani dei frati di non commettere mai più, d'allora in poi, quei misfatti, ma di voler vivere con il lavoro delle proprie mani» (FF 1669).

Disse un giorno Gilbert K. Chesterton: «Se crescesse tra gli uomini, anche di poco, il livello dell'umiltà, non potete immaginare quanto si vivrebbe bene in questo mondo».

E Paul Claudel aggiunse: «Se, nella mia vita, mi fosse data la possibilità di poter predicare una sola volta, io predicherei contro l'orgoglio: l'orgoglio è la più pericolosa malattia dell'uomo».

Per questo motivo il salmista prega così: «Signore, liberami dall'orgoglio e sarò libero dal grande peccato».

Francesco l'aveva capito e umilmente si avviò verso Roma per chiedere l'approvazione e la benedizione del papa.

Francesco nulla avrebbe fatto senza la benedizione del papa.

A questo punto possiamo chiederci: ma qual è il messaggio che Francesco lascia alla Chiesa?

È semplice e allo stesso tempo è formidabile: Francesco ci invita a prendere sul serio il Vangelo, a prendere sul serio Gesù, a prendere sul serio la via percorsa da Gesù... perché l'amore rende simili: l'amore genera l'imitazione!

La lezione di Francesco sta tutta qui.

Saluto alle virtù

Francesco ci ha lasciato pochi scritti: egli si riconosceva illetterato e voleva vivere nell'umiltà totale. Nel *Saluto alle virtù* (FF 256-258) impressiona l'accostamento della povertà all'umiltà: per Francesco non si è poveri veramente se non si è poveri di orgoglio. L'orgoglio, infatti, è la più terribile e perniciosa e falsa ricchezza, alla quale l'uomo può facilmente attaccarsi.

Preghiamo con Francesco:

Ave, regina sapienza,
il Signore ti salvi
con tua sorella, la santa, pura semplicità.

Signora santa povertà,
il Signore ti salvi
con tua sorella, la santa umiltà.

Signora santa carità,
il Signore ti salvi
con tua sorella, la santa obbedienza.

Santissime virtù,
voi tutte salvi il Signore,
dal quale venite e procedete.

Non c'è proprio nessuno in tutto il mondo,
che possa avere una sola di voi,
se prima non muore [a se stesso].

Chi ne possiede una e le altre non offende,

le possiede tutte,
e chi una sola ne offende,
non ne possiede alcuna e le offende tutte.
E ciascuna confonde i vizi e i peccati.

La santa sapienza
confonde Satana e tutte le sue malizie.

La pura santa semplicità
confonde ogni sapienza di questo mondo
e la sapienza della carne.

La santa povertà
confonde la cupidigia e l'avarizia
e le preoccupazioni del secolo presente.

La santa umiltà
confonde la superbia
e tutti gli uomini che sono nel mondo
e similmente tutte le cose che sono nel mondo.

La santa carità
confonde tutte le tentazioni diaboliche e carnali
e tutti i timori della carne.

La santa obbedienza
confonde ogni volontà propria
corporale e carnale,
e tiene il corpo di ciascuno
mortificato per l'obbedienza allo spirito
e per l'obbedienza al proprio fratello;
e allora egli è suddito e sottomesso
a tutti gli uomini che sono nel mondo,

e non soltanto ai soli uomini,
ma anche a tutte le bestie e alle fiere,
così che possano fare di lui quello che vogliono,
per quanto sarà loro concesso dall'alto dal Signore.

10

IN VIAGGIO VERSO ROMA

In quel tempo – siamo nel 1210 – era papa Innocenzo III (1198-1216), che risiedeva nel palazzo del Laterano, accanto alla cattedrale di Roma, cioè la basilica di San Giovanni in Laterano.

Intanto il numero dei giovani che avevano seguito Francesco era arrivato a undici: Francesco pensò che fosse giunto il momento di mettere questo nuovo "cammino" nelle mani della Chiesa per ricevere la benedizione di conferma e per avere il permesso di predicare il Vangelo nelle chiese e nelle piazze.

Francesco e gli undici si incamminano umilmente e fiduciosamente verso Roma; non hanno niente, non hanno pesi da portare, ma hanno il cuore libero e pieno di gioia traboccante. Il francescanesimo comincia così.

A Roma, con grande loro sorpresa, trovano il vescovo di Assisi, Guido: li accoglie con affetto e si assume l'impegno di presentarli al papa. Quando Francesco è ammesso alla presenza di Innocenzo III, avviene qualcosa di grandioso: il papa fissa i suoi occhi pensosi negli occhi sereni di Francesco vestito da mendicante e lo ascolta con il volto serio.

Inizialmente teme che si tratti di uno dei soliti esaltati o, peggio ancora, teme di trovarsi davanti a un nuovo eretico. Ma Francesco parla umilmente, ha un tono mite e non polemico. Esprime soltanto il desiderio di vivere il Vangelo alla lettera, soprattutto per quanto riguarda la povertà.

Il papa avverte simpatia e intuisce che Francesco è sincero, ma si limita a dire: «Quello che tu proponi, si vede che lo credi e lo vivi. Ma la tua proposta di vita è troppo esigente e, pertanto, quelli che verranno dopo di te non riusciranno a sopportarla».

Francesco rispettosamente risponde: «Signor papa, io mi rimetto interamente a Gesù. Come può mancare alle promesse che egli ha fatto a coloro che abbandonano tutto per seguire lui? Può negarci l'aiuto per camminare nella nostra piccola via?»

Il papa è stupito di fronte a così tanto coraggio, a così tanta fede e a così tanto amore per Cristo. Ma non se la sente di prendere una decisione e conclude: «Lasciatemi pregare, affinché Iddio mi riveli la sua volontà nei vostri confronti. Ora andate e ritornate quando io vi chiamerò attraverso il vescovo Guido».

Francesco e gli undici si inchinarono con rispetto

e rimasero a Roma in attesa. Passarono i giorni romani curando gli ammalati nell'ospedale di Sant'Antonio: vivendo la carità si sentivano felici e fiduciosi. In fin dei conti, che cosa chiedevano? Chiedevano di vivere il Vangelo senza sconti, senza filtri, senza attenuazioni. Era una follia? No, non poteva essere una follia.

Innocenzo III riunisce i cardinali in concistoro e chiede consiglio in merito a tanti problemi: c'era anche la richiesta del giovane di Assisi vestito da mendicante. Che cosa bisognava fare? I cardinali sconsigliano di approvare una proposta di vita così estrema da apparire quasi invivibile, e, soprattutto, consigliano di non concedere il permesso di predicare nelle chiese e nelle piazze a un giovane che sembrava privo di cultura e di preparazione teologica.

Ma interviene il cardinale Giovanni Colonna con un'osservazione inattesa che mette tutti con le spalle al muro. Egli dice: «Io temo che diamo dispiacere a Dio se rifiutiamo di accogliere la richiesta di questo giovane, perché essa è fondata sul Vangelo. Se diciamo che la sua richiesta è contro la possibilità umana, noi diciamo che il Vangelo non è vivibile fino in fondo. Non vi pare assurdo tutto ciò?»

Ci fu un grande silenzio nella sala della riunione. Il papa, dal canto suo, aveva fatto un sogno che l'aveva sconvolto. Nei giorni precedenti egli andava a dormire con l'animo preoccupato per le tante tensioni che attraversavano la cristianità in quel momento. Una sera faceva fatica ad addormentarsi, ma finalmente si assopì. Ed ecco che, in sogno, egli vide che la basilica di San Giovanni in Laterano, la sua cattedrale, sembrava stesse per crollare: si aprivano crepe dappertutto, pareva che i muri portanti si inclinassero e si sentiva il rumore tipico di un crollo imminente.

Il papa sudava per la tensione, ma, all'improvviso, vede un uomo vestito poveramente che si accosta alla chiesa: l'uomo diventa grande come un gigante e impedisce il crollo del tempio.

Nell'uomo del sogno, il papa riconosce subito il giovane di Assisi, che era venuto a chiedere di vivere il Vangelo alla lettera.

Per questo motivo, dopo l'intervento del cardinale Giovanni Colonna, Innocenzo III chiese che fosse cercato il giovane che già aveva incontrato precedentemente e fosse invitato a ritornare presso di lui. Francesco ritornò nel palazzo papale del Laterano con i suoi primi compagni: sembravano una nidiata di passerotti indifesi e insignificanti.

Il papa diede la parola a Francesco ed egli parlò raccontando una parabola. Disse: «Un grande re si innamorò di una donna bellissima ma poverissima, che viveva sola in un deserto. Il re sposò questa donna e da lei ebbe molti figli. Ma poi il re partì e ritornò nella sua reggia in un paese lontano. Quando i figli divennero grandi, la donna disse loro: "Non temete e non vergognatevi della vostra povertà; voi siete figli del re! Andate alla sua corte e il re provvederà a darvi tutto il necessario!" I figli andarono e il re li riconobbe e li accolse nella sua casa con immenso affetto».

A questo punto Francesco si fermò, riprese fiato e diede uno sguardo attorno a sé: tutti ascoltavano con attenzione e aspettavano che spiegasse il senso del racconto.

Francesco riprese la parola e disse: «Io sono come la donna poveretta amata dal Signore senza alcun merito. Ho avuto dal Signore tanti figli – e indicò i compagni che assistevano scalzi e a testa bassa – e sono certo che il Re dei re provvederà a ogni nostra necessità perché noi vogliamo semplicemente vivere secondo il suo Vangelo».

Con il mento appoggiato alla mano, il papa ascoltava attentissimo e dentro di sé pensava: «Ma che sia proprio costui l'uomo del mio sogno?» I cardinali, seduti attorno al pontefice, guardavano trasecolati: mai avevano assistito a una simile scena, mai avevano ascoltato un linguaggio così limpido e convinto. Francesco appariva, al tempo stesso, povero e regale, e la bellezza della sua anima traspariva dal suo volto, mentre i suoi stracci apparivano più solenni delle vesti dei cardinali.

Innocenzo III ebbe l'impressione di trovarsi davanti a un uomo che profumava veramente di Vangelo. Che fare? Il papa non ebbe esitazione: abbracciò Francesco, ne approvò la Regola e, affinché avessero pubblicamente il diritto di predicare, volle che Francesco e gli undici ricevessero la tonsura ecclesiastica.

Questa prima approvazione, fatta soltanto a voce, avrà il suggello definitivo con la bolla *Solet annuere* del papa Onorio III: era il 29 novembre 1223, tre anni prima della morte del Poverello.

Ma l'utopia francescana resta questa: vivere il Vangelo di Gesù alla lettera! E questa utopia ritorna come una sfida in ogni generazione cristiana e la interpella: Dio ha suscitato il francescanesimo proprio per questo!

Intanto Francesco e gli undici lasciano Roma, si fermano un po' di tempo nei pressi di Orte, poi prendono provvisoria dimora in un casolare povero e mezzo diroccato nei presi di Rivotorto, per stabilirsi definitivamente accanto alla Porziuncola: sotto lo sguardo e tra le braccia di Maria.

E, ancora oggi, il seme gettato da Francesco grida che il Vangelo è un'utopia, ma è un'utopia possibile!

Che mistero!

Che bel mistero!

Che affascinante mistero!

11

CHIARA, PIANTICELLA DI FRANCESCO

Appena Francesco tornò da Roma ad Assisi con l'approvazione papale e il permesso di poter predicare, il vescovo Guido prese una decisione coraggiosissima: invitò Francesco a predicare il quaresimale dell'anno 1212 nella grande chiesa di San Rufino. Fin dal primo giorno la chiesa era gremita all'inverosimile e tutti volevano ascoltare il figlio di Pietro di Bernardone che ormai non giudicavano più come un pazzo, ma come un cristiano senza sconti: infatti dalle parole e dai gesti di Francesco sembrava che il Vangelo venisse fuori fresco, vivo e affascinante come ai tempi di Gesù.

Tra gli ascoltatori, attentissimi e puntuali, c'erano le donne della nobile famiglia di Favarone di Offreduccio. Erano sempre in prima fila: la mamma Ortolana con le tre figlie Chiara, Caterina e Beatrice. Gli Offreducci erano una delle famiglie più illustri e più potenti di Assisi e avevano un palazzo-fortezza proprio nella piazza di San Rufino. Nel loro parentado c'erano cavalieri famosi, feroci nelle vendette, assetati di gloria militare e di avventure in terre lontane.

Le tre fanciulle di Favarone di Offreduccio erano andate in esilio a Perugia, quando i nobili vennero cacciati da Assisi con una sommossa popolare: era l'anno 1199 e Francesco allora aveva diciotto anni, mentre Chiara ne aveva appena sei, essendo nata nel 1193. Pur essendo piccola, Chiara aveva certamente gioito quando l'esercito popolare di Assisi, nel quale combatteva anche Francesco, nel 1202 venne sconfitto nella battaglia di Collestrada: molti giovani assisani, tra cui Francesco, finirono in carcere e gli Offreducci, con gli altri nobili, poterono far ritorno ad Assisi. Ma ormai erano tempi lontani.

Francesco era cambiato profondamente e tutta la città di Assisi aveva seguito, prima con ironia e poi con ammirazione, la vicenda del figlio del ricco mercante che aveva scelto di vivere in totale povertà. Ora quel Francesco era lì, davanti a tutti. Aveva trent'anni e parlava con semplicità disarmante e con convinzione impressionante, riscaldando il cuore degli assisani mentre presentava loro il Vangelo di Gesù in tutta la sua bellezza e con tutta la sua sconvolgente novità.

Chiara esclamò: «Ecco quel che cercavo! La scelta di Francesco sarà anche la mia scelta». Lo disse nel segreto del suo cuore perché, se l'avessero sentita i suoi illustri familiari, l'avrebbero fatta a pezzi. Ma Chiara aveva un temperamento forte e deciso. Per mezzo di frate Rufino e di frate Silvestro, parenti degli Offreducci, riuscì ad avere un incontro con Francesco, in gran segreto, nella piccola e povera chiesina della Porziuncola.

Elegantemente vestita, Chiara rivelò a Francesco, povero e privo di tutto, il suo desiderio di voler vivere esclusivamente per Dio, in totale povertà. Francesco ascoltava la giovane, che proveniva da una delle più potenti famiglie di Assisi: quella famiglia degli Offreducci che certamente l'aveva disprezzato nei primi passi del suo cammino e che ora, probabilmente, non provava alcuna ammirazione per la sua scelta. Eppure Chiara degli Offreducci era lì, in ginocchio, e chiedeva umilmente di sposare "madonna povertà".

Qualche giorno prima della domenica delle Palme, Chiara ritornò da Francesco e chiese con insistenza di stabilire il giorno in cui avrebbe potuto donarsi totalmente al Signore. Francesco, leggendo nel cuore di Chiara e avvertendo il progetto di Dio sulla sua vita, stabilì il giorno e la modalità, in gran segreto.

La mattina della domenica delle Palme Chiara andò in duomo con il vestito più bello, che ancora di più sottolineava la bellezza del suo volto e l'eleganza della sua persona. Gli assisani, vedendola, esclamarono: «È fatta! Chiara degli Offreducci ha deciso di sposarsi. Chi sarà il giovane fortunato?» Ma una grande sorpresa era alle porte.

Durante la notte la luna splendeva e accarezzava il sonno degli abitanti di Assisi. Tutti dormivano anche nella casa di Favarone degli Offreducci: una sola vegliava e in punta di piedi, trattenendo il respiro per attutire i forti battiti del cuore, attraversò le eleganti sale di casa, discese le scale e, non potendo uscire dal portone centrale perché vigilato da un balestriere, andò alla porta cosiddetta "dei morti". Era un'uscita secondaria riservata ai morti, quando lasciavano per sempre il palazzo. Quella notte veramente qualcosa moriva e qualcosa di nuovo nasceva: moriva la vanità, moriva l'orgoglio in una splendida giovane e nascevano l'umiltà e la povertà evangelica diffondendo attorno a sé il profumo di Betlemme.

Appena fu sulla strada, Chiara si guardò attorno e dalla penombra vide uscire l'amica Pacifica di Guelfuccio, che la stava aspettando. Rapide e silenziose scivolarono nelle vie solitarie di Assisi e si avviarono verso la chiesina di Santa Maria degli Angeli.

Lì i poveri discepoli di Francesco avevano acceso tutte le lampade a olio che possedevano e cantavano le lodi nell'attesa. Ogni tanto si guardavano e con lo sguardo si dicevano: «Ce la faranno? Verranno davvero?» Frate Rufino e frate Silvestro erano in avanscoperta.

A un certo punto, nel cuore della notte, si sentirono nitide le loro voci: «Eccole!» Tutti presero le torce e andarono incontro alle due giovani ansimanti: era una scena di rara bellezza, che avrebbe commosso anche le pietre e avrebbe strappato le più belle poesie alla vena dei poeti.

Francesco aspettava nella chiesina: un altro prodigio spuntava dietro ai suoi passi e Francesco tratteneva a fatica le lacrime che brillavano sulla soglia dei suoi occhi felici.

Chiara si inginocchiò davanti all'altare e si consacrò al Signore promettendo di seguirlo in totale povertà, seguendo la strada aperta da Francesco.

Il volto di Chiara era raggiante: quella notte del 18 marzo 1212 non sembrava più una notte, ma l'alba di un giorno totalmente nuovo.

Chiara cambiò gli abiti lussuosi del mattino e indossò un saio di bigello e un cingolo di corda. Si tolse le scarpette di raso e calzò un paio di zoccoli. Nel silenzio commosso e composto della notte sembravano vive le parole di Gesù: «Beati sono i poveri, perché di essi è il regno dei cieli». Sì, sono beati! E Chiara dava inizio al miracolo delle "clarisse": una famiglia immensa di donne che gridano con la vita qual è la vera ricchezza e qual è la strada della vera felicità.

Ma la notte della domenica delle Palme dell'anno 1212 aveva altre sorprese: Chiara offrì il capo a Francesco, che le tagliò i biondi capelli che avevano fatto sospirare tanti giovani per le vie di Assisi. I capelli caddero a terra, mentre un velo umile e ruvido dava al volto di Chiara un'altra bellezza.

E ora? Che accadrà al mattino? Chi si salverà dall'ira della famiglia degli Offreducci, che tutto poteva immaginare fuorché una fuga di Chiara per seguire la "povertà"?

Francesco, terminata la preghiera, portò Chiara nel monastero delle benedettine di San Paolo di Bastia, presso Assisi.

Sarebbe stato sufficiente per proteggerla?

Spuntò l'alba del primo giorno della settimana santa.

Nella casa degli Offreducci i servi, come sempre, aprirono le finestre per riempire di luce le eleganti stanze. Ma un grido fece accorrere tutti. Mamma Ortolana non si stancava di ripetere: «Chiara non c'è! Chiara non c'è! Dove sarà Chiara?»

In un momento la famiglia si radunò al completo e, armi in pugno, era pronta a vendicare l'oltraggio. Tutti capirono subito che c'era di mezzo Francesco e, in poco tempo, riuscirono a scoprire dove era nascosta Chiara.

Balzarono a cavallo e in un baleno furono alle porte del monastero delle benedettine di Bastia. Le suore impaurite aprirono la porta, mentre Chiara corse in chiesa, accanto all'altare: a quei tempi, la chiesa era ritenuta un rifugio inviolabile e ogni trasgressione era considerata un autentico sacrilegio. Gli Offreducci pertanto ebbero un momento di esitazione: stringevano le armi con le mani abili all'uso, ma non ebbero il coraggio di estrarre i pugnali. Mentre la "fuggiasca" e gli "inseguitori" si osservavano immobili in silenzio, ecco una mossa che lascia tutti sorpresi e impietriti e sblocca la situazione in modo inatteso: Chiara si toglie rapidamente il velo e mostra ai parenti inferociti il capo ormai privo degli splendidi capelli, che tutti avevano ammirato fino al giorno prima. Gli inseguitori fecero un passo indietro, rassegnati alla sconfitta: il taglio dei capelli infatti significava la consacrazione a Dio e nessuno, in quei tempi, avrebbe osato sfidare Dio mettendo addosso le mani a una persona consacrata.

Tuttavia insistettero presso Chiara, affinché abbandonasse quella assurda povertà e scegliesse un ordine religioso degno della nobile famiglia alla quale ella apparteneva: Chiara fu irremovibile!

Dopo qualche giorno di lotta inutile, i parenti abbandonarono l'assedio. Allora venne Francesco, con Filippo e Bernardo, e insieme condussero Chiara in un altro luogo benedettino sui fianchi del Subasio: il monastero di Sant'Angelo di Panzo.

Ma le sorprese non erano finite per la nobile famiglia degli Offreducci. Infatti, dopo appena due settimane, Caterina, sorella sedicenne di Chiara, bussa alla porta delle benedettine e si aggrappa a Chiara dicendo: «Voglio vivere come te!» Questa seconda fuga creò il finimondo nella famiglia e scatenò l'ira di tutti: era troppo!

I parenti, come belve, raggiunsero Caterina nel monastero e l'afferrarono per i capelli trascinandola fuori. Caterina gridava: «Chiara, sorella mia, aiutami! Gesù, abbi pietà!»

Ma questa volta gli inseguitori erano decisi a non aver pietà e colpirono Caterina fino al sangue, al punto tale che ella cadde svenuta per terra. Gli uomini si piegarono per raccoglierla e trasportarla di peso a casa. Ma ecco improvviso l'intervento di Dio: Caterina era diventata pesantissima e nessuno riusciva a spostarla. Allora il truce zio Monaldo alzò la mano per scagliarsi sulla nipote, ma rimase con il braccio alzato completamente paralizzato.

Cos'era successo? Chiara, in quel momento, era inginocchiata in chiesa e pregava per la sorella: Gesù l'ascoltò!

Francesco ritornò, dopo alcuni giorni, e consacrò Caterina al Signore cambiandole il nome: la chiamò

Agnese... ed era la seconda "clarissa" della storia! Ma il monastero delle benedettine non era adatto per la vita povera di Chiara e Agnese. Francesco allora chiese e ottenne dal vescovo Guido l'uso di San Damiano come abitazione delle due sorelle: non poteva fare una scelta migliore, perché le pietre di San Damiano ancora conservavano il profumo del sudore dei primi passi di Francesco sulla via dell'altissima povertà.

E verso San Damiano sciamarono tante ragazze attratte dalla povertà: arrivarono Pacifica di Guelfuccio, Benvenuta, Filippa, alcune cugine e anche la bellissima Amata da Coccorano, che, la vigilia del matrimonio, lasciò sul letto l'abito da sposa per prendere l'abito di povera mendicante.

Infine, dopo la morte del padre di Chiara, vennero anche la mamma Ortolana e la sorella Beatrice.

Francesco e Chiara scatenarono un autentico terremoto tra i giovani del loro tempo: velocemente si moltiplicarono coloro che abbandonavano la frivolezza del mondo e sceglievano la vita umile e povera, trovando in Cristo la libertà e la letizia che invano avevano cercato altrove.

Il vento di Francesco e Chiara soffiò per tutta l'Europa: ricchi e poveri, ragazze nobili e popolane si innamorarono della "povertà" e portarono nella Chiesa di Gesù un soffio di novità mai vista.

Aveva perfettamente ragione il Santo Padre Giovanni Paolo II quando, il 17 settembre 1993, in visita a La Verna, esclamò: «Qui e ad Assisi è nato il francescanesimo e, in qualche modo, qui e ad Assisi è rinato il cristianesimo».

Signore Gesù,
tu sei lo stesso:
ieri, oggi e sempre!
Dalla tua croce,
piantata nel terreno duro
della nostra cattiveria,
parla anche a noi
come parlasti a Francesco
nella penombra luminosa di San Damiano:
«Ripara la mia casa che, come vedi, va tutta in rovina!»

Signore Gesù,
aiutaci a credere
che quel che è accaduto,
può accadere ancora.

Dal Testamento di santa Chiara

Chiara, finché visse, non si stancò mai – fatto veramente inaudito! – di chiedere al papa il permesso di poter vivere il *privilegio dell'altissima povertà*. Dopo la grande scelta fatta in gioventù, Chiara e Francesco si incontrarono pochissime volte, ma la loro strada si è congiunta in cielo, dove "i poveri in spirito" saranno padroni del Regno, che nessuno potrà mai togliere loro.

Ascoltiamo le parole che Chiara ha lasciato in eredità alle sue discepole: «Come il Signore ci donò il beatissimo padre nostro Francesco come fondatore, piantatore e cooperatore nostro nel servizio di Cristo e in quanto promettemmo al Signore e al beato nostro padre, il quale inoltre, finché visse, con la parola e con l'opera fu sempre sollecito di coltivare e nutrire noi, sua pianticella; così raccomando e affido le mie sorelle presenti e quelle che verranno al successore del beatissimo padre nostro Francesco e a tutta la Religione, affinché ci siano d'aiuto a progredire sempre in meglio nel servizio di Dio e *specialmente nell'osservare meglio la santissima povertà*» (*Testamento*, FF 2842).

Notate bene: Chiara si preoccupa che le future discepole camminino sempre nella santissima povertà! Non sentite i brividi leggendo queste parole?

12

FRANCESCO E IL SULTANO D'EGITTO

Ai tempi di Francesco la Terra Santa era un sogno per i cristiani, ma anche un incubo. Le crociate erano nate per amore di Cristo, ma erano degenerate in amore per il danaro, per il profitto e per il potere. Francesco lo capì e volle gettare il seme del Vangelo – l'utopia del Vangelo! – anche in mezzo ai crociati e all'esercito contrapposto dei musulmani.

Dopo vari tentativi di partenza per l'Oriente, finalmente nel 1219, all'età di trentotto anni, Francesco riesce a salpare dal porto di Ancona insieme ad alcuni frati: erano un piccolo manipolo di poveracci ricchi di fede e un esercito di disarmati forti di amore.

Dopo un mese di traversata approdarono a San Giovanni d'Acri, dove trovarono un gruppo di frati che li avevano preceduti l'anno avanti: li abbracciarono e si incoraggiarono reciprocamente nella decisione di seguire Gesù. Poi si divisero a due a due per evangelizzare quelle terre. Francesco, con Illuminato da Rieti, scelse di andare in Egitto, a Damiata, che in quel momento era il nodo della crociata. Giunsero in agosto quando i crociati, in un assalto contro le truppe saracene, erano stati respinti con grande perdita di uomini. Francesco trovò il campo dei crociati in uno stato deplorevole: odi, invidie, ambizioni, ladrocini e mal costume dilagavano. La croce, che dominava negli stendardi, era spenta nel cuore dei cristiani. «Ecco perché non vinciamo!» esclamò Francesco.

Un giorno, mentre i crociati si preparavano a un nuovo assalto, egli tentò di convincere i capi a non dare battaglia, perché avrebbero perso. Non venne ascoltato e il 19 agosto 1219 l'esercito cristiano subì una clamorosa sconfitta. Questa bastonata fece effetto e tutti cominciarono a guardare Francesco con grande rispetto. Egli capì che la prima evangelizzazione andava fatta tra i cristiani poco cristiani. Cominciò con entusiasmo e suscitò entusiasmo al punto tale che molti chiesero di seguirlo. Ma Francesco non poteva accontentarsi di questo. Lo scopo del viaggio era un altro: egli voleva – ardimento dei santi! – annunciare Gesù al sultano e al suo esercito musulmano. Però correvano voci spaventose sull'odio dei saraceni contro i cristiani.

«Non andate! Non andate! Danno taglie altissime per ogni testa di cristiani», dicevano i crociati. Anche il cardinale Pelagio Galvani, legato del papa in Terra

Santa, tentò di dissuadere Francesco, ma, alla fine, lo lasciò andare dicendo a lui e al suo compagno: «Badate di avere la mente e il cuore sempre rivolti a Dio, perché lui solo può salvarvi. E ricordatevi che non sono io che vi mando, ma voi l'avete voluto contro il mio consiglio».

Arrivati al campo saraceno, vennero subito presi, legati e percossi, mentre Francesco tutto lieto pensava: «Questo è un buon inizio!» Ma volendo raggiungere lo scopo del viaggio, cominciò a gridare: «Sultano! Sultano!» I saraceni, pensando che avesse qualche particolare messaggio da consegnare al sultano, lo condussero alla tenda di Melek-el-Kamel.

«Siete venuti per farvi adoratori di Allah?» domandò il sultano squadrando bene quei due singolari personaggi. Francesco serenamente rispose: «Io sono mandato dall'Altissimo per insegnare la via della salvezza e a te e al tuo popolo. Io vengo ad annunciarvi il Vangelo di Gesù». E predicò con tale fervore che il sultano, uomo intelligente e colto, rimase ammirato e propose a Francesco di restare tra i sapienti della sua corte.

Francesco rispose: «Se vuoi convertirti a Cristo insieme al tuo popolo, starò con te volentieri. Ma se dubiti di lasciare la fede di Maometto per abbracciare la fede di Cristo ecco la mia proposta: fa' accendere un gran fuoco e fa' entrare me e alcuni seguaci di

Maometto tra le fiamme. Sceglierai la fede di quello che uscirà vivo dal rogo».

Se il sultano fosse stato uno sciocco, si sarebbe divertito a tentare la prova del fuoco. Ma poiché era un uomo saggio e poiché aveva notato che nessuno tra i suoi era pronto ad accettare una simile proposta, rispose: «Temo che nessuno dei seguaci di Allah voglia esporsi a questo rischio».

Francesco, con inaudito coraggio, tentò un'ultima carta e disse: «Ebbene, affinché tu creda e sia salvo, io mi getterò nel fuoco. Se uscirò salvo, tu riconoscerai Cristo per vero Dio e Salvatore del mondo».

Il sultano, che non aveva mai trovato un uomo pronto a gettarsi nel fuoco per l'anima sua, fermò Francesco. Però gli presentò oro, argento, drappi di seta e oggetti preziosi, ordinando di prendere tutto quello che voleva. Con suo crescente stupore, Francesco rifiutò. Allora Melek-el-Kamel convocò i personaggi più autorevoli dell'accampamento per chiedere il loro parere su come doveva comportarsi con i due prigionieri: tutti consigliarono di decapitarli senza misericordia, perché predicavano contro Maometto.

Ma il sultano si oppose. Chiamò Francesco e frate Illuminato e disse loro: «I miei saggi hanno consigliato di mozzarvi la testa, ma non sia mai che io mandi a morte chi si è dichiarato pronto a dare la vita per la salvezza mia».

Li lasciò liberi con un lasciapassare, grazie al quale Francesco e i suoi poterono andare indisturbati in tutte le terre saracene, compresa la Palestina, fino al Santo Sepolcro senza pagare alcun tributo. Francesco ne approfittò e raggiunse Betlemme, Gerusalemme, e il Santo Sepolcro: e, da allora, i francescani non hanno più lasciato la terra di Gesù.

Ma dall'Italia giunsero a Francesco notizie non belle: c'era agitazione, c'erano discordie tra i suoi. Decise di rimpatriare. Prima però volle rivedere Melek-el-Kamel, il quale gli confidò: «Francesco, io volentieri mi convertirei alla fede di Cristo, ma temo di farlo, perché se i miei lo sapessero, ucciderebbero me e tutti i tuoi frati. Non voglio provocare la morte tua e la mia. Però dimmi come posso salvarmi e lo farò».

Francesco, con tono ispirato, gli disse: «Io ritorno in Italia, ma, dopo la mia morte ti manderò due miei frati dai quali riceverai il battesimo di Cristo. Nel frattempo vivi rettamente e prepara il tuo cuore a ricevere la misericordia di Dio».

Passarono sette anni e Francesco morì accanto alla Porziuncola in totale povertà.

Passarono altri dodici anni e il sultano si ammalò gravemente. Egli ricordava la promessa di Francesco e diede ordine di vigilare ai confini se mai capitasse di vedere spuntare due fraticelli con l'abito uguale a quello che aveva indossato Francesco.

E due fraticelli, ispirati in sogno da Francesco, arrivarono veramente e furono condotti dal sultano: ciò che dopo accadde lo sa solo il Signore e, in paradiso, lo sapremo anche noi.

Ma, a questo punto, è legittima una domanda: la vita di Francesco fu tutta un trionfo? Tutt'altro! Abbiamo già raccontato la ferita acutissima che l'ostilità del padre e del fratello gli lasciarono nel cuore. Ma non è tutto qui.

Quando il numero dei discepoli di Francesco divenne molto numeroso, serpeggiarono tra i frati più istruiti una certa diffidenza e un'aria di superiorità nei confronti del Poverello semplice e non acculturato. Francesco ne soffrì.

Altri, cosa molto più dolorosa per Francesco, spingevano per un'attenuazione del voto di povertà, perché lo ritenevano eccessivo: Francesco lottò tenacemente ma, alla fine, nell'ultima stesura della Regola (quella del 1223), lasciò più spazio alla libertà dei frati.

Insieme alle prove morali, Francesco fu letteralmente bersagliato da tante malattie nel corpo che, però, non gli tolsero mai la gioia e l'ottimismo: nel viaggio in Terra Santa contrasse una brutta infezione agli occhi che lo rese quasi cieco ma non lo privò della letizia del cuore; e questa infezione si aggiunse al mal di stomaco e ai dolori alle ossa, probabilmente provocati dalla sua vita di penitenza, che lo portava a dormire molto spesso sulla nuda terra.

Ma, secondo il racconto dei primi biografi, Francesco sentì anche – cosa che ce lo rende tanto vicino – la nostalgia della famiglia e il desiderio di una casa abitata dall'affetto di una sposa e dei figli.

Racconta san Bonaventura che qualche volta il diavolo lo tentava con il ricordo della vita passata, con il desiderio della vita del mondo. Una notte d'inverno, nell'eremo di Sarteano, mentre cercava di prender sonno sulla pietra e il vento spifferando dalle connessure della cella gli frugava le ossa, il diavolo lo assalì con la nostalgia della famiglia, presentando alla fantasia sua così vivida una bella sala, un camino acceso, una dolce donna che gli sorrideva, dei bambini che lo chiamavano babbo.

«Fai a tempo ad avere queste gioie, se tu vuoi. Sei ancora giovane!» insinuava il maligno. Francesco, «l'amante della castità si tolse l'abito e incominciò a flagellarsi molto forte con una corda. "Ehilà – diceva –, frate asino, così ti conviene restare, così prenderti le battiture. Perché la tonaca serve alla Religione, e porta in sé il sigillo della santità: non è lecito, a un libidinoso, rubarla. Se vuoi andare in qualche posto, va' pure, cammina!"

Ma il maligno insisteva: «Si può appartenere a Dio, senza far codeste pazzie. Un buon padre di famiglia vale più di te!»

Francesco, «animato da meraviglioso fervore di spirito, spalancò la cella, uscì fuori nell'orto e, immergendo nella neve alta il corpicciolo già denudato e prendendo neve a piene mani, incominciò a fabbricare sette blocchi. E mettendoseli davanti, così parlava al suo uomo esteriore: "Ecco, questo blocco più grande è tua moglie, questi quattro sono due figli e due figlie; gli altri due sono un servo e una serva, che bisogna tenere per le necessità di casa. Adesso, spicciati a vestirli tutti, perché muoiono di freddo. Se invece le molte preoccupazioni, che loro ti danno, ti infastidiscono, datti da fare per servire soltanto il Signore!"

Subito il tentatore se ne andò via sconfitto, e il santo ritornò nella cella con la vittoria in mano: si era raggelato ben bene al di fuori, ma nel suo interno aveva estinto il fuoco della passione, così efficacemente che, da allora in poi, non provò più niente di simile» (*Legenda maior*, FF 1091).

Ricordiamo una cosa fondamentale: i santi sono nostri fratelli in umanità. Essi sentono tutto quello che noi sentiamo, sono immersi nella debolezza come noi. Ma in una cosa sono differenti: si aggrappano decisamente a Dio e si lasciano condurre da lui senza opporre resistenza. Questo fa la differenza.

13

CON BETLEMME NEL CUORE

Un vescovo, chi dice di Terni e chi di Rieti, quando Francesco ebbe finito di parlare in una chiesa piena di gente, si rivolse al popolo e disse: «Ringraziamo Dio che si è servito di questo pover'uomo ignorante e spregiato, per illustrare la Chiesa rivelandoci la sua misericordia». L'apprezzamento non era lusinghiero nemmeno per un santo votato alle umiliazioni, ma appunto per questo Francesco ne fu contentissimo e si gettò ai piedi del vescovo, ringraziandolo di aver distinto nettamente ciò che era suo da ciò che era di Dio, dando a lui la compassione e a Dio solo la gloria. La sua serenità non si turbava mai.

Un uomo così umile non poteva non sentire il fascino di Betlemme. Che cosa c'è di più umile della paglia e della mangiatoia? E che cosa c'è di più straordinario del fatto che il Figlio di Dio, facendosi uomo, abbia scelto per sé non una reggia ma una stalla con tanto di paglia e di bestie?

In occasione del Natale dell'anno 1223 nella mente di Francesco balenò un'idea che subito confidò all'amico Giovanni Velita, del quale Tommaso da Celano afferma: «Era un uomo di buona fama e di vita anche migliore ed era molto caro a Francesco».

Per questo motivo il Poverello gli disse: «Senti! Se vuoi che io venga a Greccio a celebrare il Natale, tu devi preparare tutto quanto è necessario».

Che cosa voleva Francesco? Tovaglie dorate? Candelabri preziosi? Vesti ricamate? No, Francesco aprì il suo cuore e precisò: «Io desidero rivivere la scena di Betlemme così come l'ha vissuta Maria, la poverella, e così come l'ha vissuta Giuseppe, uomo umile e giusto. Desidero rivivere la povertà che ha vissuto Gesù, voglio vedere con i miei occhi la stessa semplicità che ha visto Gesù e provare i disagi che lui, Figlio di Dio, ha provato venendo in mezzo a noi».

Giovanni Velita aveva, nel suo terreno, una grotta che rassomigliava a quella di Betlemme: vi portò tanta paglia, portò un asinello e un bue e preparò una sporgenza di roccia come altare per la celebrazione della messa.

La sera del 24 dicembre 1223 a Greccio si respirava un'aria di trepida attesa. In tutta la valle di Rieti si era sparsa la voce che Francesco veniva a celebrare il Natale in un luogo simile alla grotta di Betlemme.

Nella notte rischiarata e vegliata dalle stelle, la valle si riempì di torce e di lanterne che lentamente si avvicinavano e convergevano in un punto che s'illuminava sempre di più. Il silenzio della notte invernale improvvisamente si riempì di dolci canti: erano i poveri che cantavano l'arrivo del Povero Divino insieme al Poverello che tanto a lui rassomigliava.

Racconta Tommaso da Celano con accenti soavi: «Arriva alla fine il santo di Dio e, trovando che tutto è stato predisposto, vede e se ne rallegra. Si accomoda la greppia, vi si pone il fieno e si introducono il bue e l'asinello. In quella scena si onora la semplicità evangelica, si esalta la povertà, si loda l'umiltà. Greccio è divenuto come una nuova Betlemme.

Questa notte è chiara come pieno giorno e deliziosa per gli uomini e per gli animali! La gente accorre e si allieta di un gaudio mai assaporato prima, davanti al rinnovato mistero. La selva risuona di voci e le rupi echeggiano di cori festosi. Cantano i frati le debite lodi al Signore, e la notte sembra tutta un sussulto di gioia.

Il santo di Dio è lì estatico di fronte alla mangiatoia, lo spirito vibrante pieno di devota compunzione e pervaso di gaudio ineffabile. Poi viene celebrato sulla mangiatoia il solenne rito della messa e il sacerdote assapora una consolazione mai gustata prima.

Francesco si veste da levita, perché era diacono, e

canta con voce sonora il santo Vangelo: quella voce forte e dolce, limpida e sonora è un invito per tutti a pensare alla suprema ricorrenza. Poi parla al popolo e con parole dolcissime rievoca il neonato Re povero e la piccola città di Betlemme. Spesso, quando voleva nominare Cristo con il nome di "Gesù", infervorato d'immenso amore, lo chiamava "il Bambino di Betlemme", e quel nome "Betlemme" lo pronunciava come il belato di pecora, riempiendosi la bocca di voce e ancor più di tenero affetto. E ogni volta che diceva "Bambino di Betlemme" o "Gesù", passava la lingua sulle labbra, quasi a gustare e deglutire tutta la dolcezza di quella parola.

Vi si moltiplicavano i doni dell'Onnipotente, e uno dei presenti, uomo virtuoso, ha una mirabile visione. Vide nella mangiatoia giacere un fanciullino privo di vita, e Francesco avvicinarglisi e destarlo da quella specie di sonno profondo. Né questa visione discordava dai fatti perché, a opera della sua grazia che agiva per mezzo del suo santo servo Francesco, il fanciullo Gesù fu risuscitato nei cuori di molti, che l'avevano dimenticato, e fu impresso profondamente nella loro memoria amorosa. Terminata quella veglia solenne, ciascuno tornò a casa sua pieno di ineffabile gioia» (*Vita Prima*, FF 469-470).

Se, soltanto una volta nella nostra vita, riuscissimo a vivere un Natale come quello di Greccio, avremmo nel cuore una gioia così traboccante da attirare il mondo intero ai piedi di Gesù.

Preghiamo Francesco, affinché ci accompagni fino alla grotta di Betlemme:

O Francesco,
l'orgoglio spesso
ci allontana da Betlemme;
ma quando siamo lontano da Betlemme,
siamo lontano anche da Cristo!

Tu, Francesco, amavi Betlemme
non per seguire una moda,
né per contestazione,
né per ripicca,
né per esibizione.

Tu amavi Betlemme,
perché amavi Cristo nato a Betlemme.
Tu amavi Cristo:
questo è il segreto e la spiegazione
delle tue scelte e della tua vita.

Portaci a Betlemme,
così come portasti frate Leone
per le vie dell'Umbria e dell'Italia
e, durante il viaggio,

gli apristi la tua anima,
e gli indicasti la via della perfetta
e vera letizia.

O Francesco, oggi il denaro
è diventato un idolo mostruoso:
molti per il denaro uccidono senza pietà
in una guerra che non ha tregua;
molti per il denaro sequestrano dei fratelli
e talvolta anche dei bambini,
dimostrando una ferocia peggiore
di quella del lupo di Gubbio;
molti per il denaro vendono droga
e distruggono giovani fiorenti
e meravigliosi
seminando disperazione in genitori
restati senza lacrime;
molti per il denaro vendono il proprio corpo
calpestando la dignità e la bellezza di una vita
creata e pensata per l'altezza dell'Amore;
molti per il denaro...

Invece tu hai scelto la povertà,
hai amato la povertà,
perché hai capito che il Bene,
il Sommo Bene della vita
è Gesù Cristo,

nato nella povertà di Betlemme
per farci dono della ricchezza
dello Spirito Santo,
che è Amore, Amore puro, Amore pieno.

O Francesco, abbiamo tanto bisogno
di ritornare a Betlemme!
Abbiamo bisogno di ritrovare
la pienezza della libertà,
la gioia di donare
per camminare in questo mondo
verso i cieli nuovi e la terra nuova.

O Francesco, davanti alla grotta di Natale
non vogliamo andarci con la pelliccia
o con il vestito all'ultima moda
per depositare uno spicciolo di egoismo.
Vogliamo mettere l'egoismo
sotto i piedi e cominciare,
finalmente,
a non fingere di fare il Natale,
ma a farlo veramente, con il cuore,
insieme a te
per seguire Cristo nella gioia dell'Amore vero,
nella festa dello Spirito Santo.
Così sia! Così sia il nostro Natale!

San Francesco e la Madonna

Francesco amava intensamente la Madonna: in Lei vedeva il Vangelo pienamente vissuto, vedeva la povertà totalmente realizzata, vedeva la tenerezza di Dio fedelmente riflessa dal suo cuore materno. San Bonaventura ci dà questa informazione: Francesco «circondava di indicibile amore la Madre del Signore Gesù, per il fatto che ha reso nostro fratello il Signore della Maestà e ci ha ottenuto la misericordia.

In lei principalmente, dopo che in Cristo, riponeva la sua fiducia, e perciò la costituì avvocata sua e dei suoi. In suo onore digiunava con grande devozione dalla festa degli apostoli Pietro e Paolo fino alla festa dell'Assunzione» (*Legenda maior*, FF 1165).

Ecco una luminosa preghiera a Maria uscita dal cuore di Francesco come una limpidissima sorgente di montagna (FF 259-260):

Ave, Signora, santa regina,
santa Madre di Dio, Maria,
che sei vergine fatta Chiesa
ed eletta dal santissimo Padre celeste,
che ti ha consacrata
insieme col santissimo suo Figlio diletto
e con lo Spirito Santo Paraclito;
tu in cui fu ed è ogni pienezza di grazia e ogni bene.

Ave, suo palazzo,
ave, suo tabernacolo,
ave, sua casa.

Ave, suo vestimento,
ave, sua ancella,
ave, sua Madre.

E saluto voi tutte, sante virtù,
che per grazia e illuminazione dello Spirito Santo
venite infuse nei cuori dei fedeli,
perché da infedeli
fedeli a Dio li rendiate.

14

LA VERNA: GESÙ PONE LA SUA FIRMA SUL CORPO DI FRANCESCO

Nel mese di maggio dell'anno 1213, durante una festa di investitura di "nuovi" cavalieri, Francesco incontrò il conte Orlando Cattani di Chiusi in Casentino.

Il conte, sapendo che Francesco amava i luoghi solitari e silenziosi per raccogliersi nell'adorazione di Dio, offrì in dono a Francesco una montagna di sua proprietà: la montagna della Verna.

Francesco accettò il dono e più volte salì la montagna per avvicinarsi al cielo e mettersi in colloquio con l'Altissimo.

Nell'estate dell'anno 1224 Francesco prese con sé Leone, Angelo, Ruffino e Masseo e si diressero dalla Porziuncola verso La Verna. Disse Francesco: «Frate Masseo, tu sarai nostro guardiano e obbediremo a te come a Cristo. Dove tu stabilirai, lì dormiremo. Procuraci il cibo di ogni giorno in modo tale che noi non dobbiamo preoccuparci se non di entrare in dialogo con il Signore».

Con la sua bella presenza e con i suoi modi aristocratici, fra Masseo non trovò molta difficoltà a procurare il cibo e l'alloggio durante il viaggio. Dopo due giorni di cammino Francesco aveva perduto tutte le sue forze. Il suo organismo era esausto, però il suo spirito si manteneva entusiasta. Vedendo che Francesco manteneva valida la decisione di recarsi alla Verna, fra Masseo entrò in un paesetto per procurarsi un asino con il suo asinaio. Bussò alla prima porta. Uscì il padrone di casa, un uomo abbastanza anziano. Fra Masseo gli disse: «Mio signore, siamo cinque frati che andiamo a un incontro con Dio. Quattro di noi sono in forze per camminare centinaia di chilometri. Però con noi ce n'è uno che non può fare più un passo. Il peggio è che questi è il più importante di tutti noi».

«Chi è? Come si chiama?» domandò l'asinaio.

«Francesco di Assisi».

«Colui che chiamano il santo?»

«Proprio lui» rispose Masseo.

«È per me un onore – aggiunse l'asinaio – trasportare un carico così sacro. Andiamo».

Ripresero il cammino. Era un asino piccolo, mansueto e docile agli ordini dell'asinaio. Francesco si era seduto comodamente sopra. Camminavano i cinque frati in silenzio e pregando. Francesco teneva gli occhi chiusi e, con frequenza, nei momenti di intensa consolazione, si copriva la testa con il mantello. L'asinaio era profondamente edificato dalla condotta dei frati.

Dopo alcuni chilometri, quel contadino non resistette e si lasciò andare a una confidenza che aveva nel cuore già dall'inizio del viaggio: «Padre Francesco, è impossibile che tu ti possa rendere conto dell'altezza nella quale ti ha collocato l'opinione pubblica. Dicono che chi vede te vede Cristo; che guardandoti ci si riempie di pace; che toccandoti si rimane liberi dalla malattia e dal peccato. Padre santo – terminò l'asinaio – permettimi di farti un augurio: spero di cuore che tu possa essere così santo come la gente crede e che mai tu possa defraudare la buona opinione che il popolo di Dio si è formata su di te».

Ascoltando queste parole Francesco provò un momento di incertezza e rimase con gli occhi aperti non volendo credere a ciò che aveva ascoltato. Riavutosi dalla sorpresa, disse all'asinaio: «Fratello carissimo, ferma frate asino».

Tutti sostarono. Francesco allora manifestò il desiderio di scendere dall'asino. I frati lo aiutarono. Senza pronunciare parole egli si avvicinò all'asinaio, con molto sforzo si mise in ginocchio ai suoi piedi, glieli baciò con rispetto e disse: «Il cielo e la terra mi aiutino a ringraziarti, fratello asinaio. Non è mai uscita da bocca umana parola più saggia. Sia benedetta la tua bocca».

Poi ancora una volta baciò i suoi piedi. L'asinaio invece non sapeva dove posare lo sguardo sentendosi edificato e confuso allo stesso tempo.

Giunti sulla montagna, Francesco scelse come luogo di preghiera uno scoglio, che sembrava una nave che navigava nell'aria: lì accadde qualcosa di veramente eccezionale che, ancora oggi, rende benedetto e memorabile quello sperone di roccia.

Era l'alba del 14 settembre dell'anno 1224, festa dell'Esaltazione della Croce, e san Francesco pregava con un palpito nuovo, come quando da giovane aspettava qualche momento straordinario. Aveva sempre appassionatamente amato il vessillo del suo Signore e se l'era segnato col gesso sul mantello, quando aveva rinunziato al padre e al mondo, e se l'era impresso nel cuore, e aveva crocifisso se stesso con la penitenza. Eppure non gli bastava. Disse sottovoce: «O Signore mio Gesù Cristo, due grazie ti prego che mi faccia prima che io muoia: la prima di sentire nell'anima e nel corpo mio, quanto è possibile, quel dolore che, tu dolce Gesù, sostenesti nell'ora della tua acerbissima passione; la seconda di sentire nel cuore mio, quant'è possibile, quello straordinario amore del quale tu, Figliuolo di Dio, eri acceso tanto da sostenere volentieri una così grande passione per noi peccatori».

Il vero amore porta una tale compenetrazione di

corpo e di spirito da soffrire le stesse pene e da godere le stesse gioie, come se si fosse una sola persona, e soprattutto punta ad esigere in sé le sofferenze dell'altro. Si può rinunciare a dividere i piaceri, ma non i dolori dell'amato.

Francesco chiedeva di amare e di patire come il suo Signore, e siccome non concepiva un amore che non si esplicasse in azione e sofferenza, dopo aver copiato in tutto Gesù Cristo, dopo aver rinnovato sensibilmente il presepio, gli restava di rinnovare sensibilmente la crocifissione. E così ardentemente lo desiderò che il Signore gli partecipò, come amico ad amico, tutto il suo amore e tutto il suo dolore: lo crocifisse com'era stato lui crocifisso. Dalla profondità del cielo abbagliante, Francesco vide venire un serafino con sei ali di fiamma: due gli si stendevano congiunte sul capo, due coprivano tutto il corpo, due si aprivano a volare. E in questa visione lampeggiava Cristo. Mentre Francesco contemplava la straordinaria apparizione, un mirabile ardore divorò l'anima sua e investì il suo corpo, lasciando trafitture reali ai piedi, alle mani, al costato mentre una voce gli diceva: «Sai tu quello che io ti ho fatto? Io ti ho donato le stimmate che sono i segnali della mia passione, affinché tu sia mio gonfaloniere».

Il serafino alato scomparve, il dolore cessò, e quando dopo molto tempo san Francesco rientrò in sé, sentì le mani bagnate e sentì un rivolo caldo scorrergli sul costato sinistro. Guardò: era sangue. Provò ad alzarsi e i piedi non lo reggevano. Seduto per terra sotto l'abbraccio verde e discreto degli alberi, si guardò le mani, si guardò i piedi, li vide trapassati da chiodi di carne, neri come il ferro, che uscivano ripiegati sulle palme delle mani e sulle piante dei piedi. Si aprì la tonaca, guardò il petto a sinistra, dove si sentiva un male che gli arrivava al cuore, e vi scoperse una ferita come di lancia, aperta, rossa e sanguinante. Quelle erano le stimmate. Dunque era stato esaudito! L'amore lo aveva trasformato nell'Amato, perché si diventa quello che si ama.

Ormai il cammino di Francesco era giunto sulla vetta più alta. Non aveva più ragione di restare sulla terra: il suo esempio, d'ora in poi, sarebbe rimasto nel mondo come una formidabile segnaletica che indica a tutti la via per diventare veramente liberi e abitati dalla perfetta e inalienabile letizia del cuore.

Francesco stava per concludere la sua meravigliosa missione. E stava per cominciare la nostra missione: la missione di seguirlo sulla via del Vangelo senza sconti, senza attenuazioni, senza compromessi.

15

L'ULTIMO CANTO DI FRANCESCO

La vita del Poverello di Assisi è stata un canto: un canto di lode a Dio, un canto d'amore per il prossimo, un canto di riconoscenza per la gioia di vivere, un canto di ammirazione per le meraviglie della creazione uscita bella dalle mani del Creatore.

Proprio nell'ultimo periodo della sua vita, quando il corpo soffriva per le malattie, l'anima era provata da tanti dispiaceri e gli occhi non vedevano più il sole, la luna e i fiori... dal cuore di Francesco esce il canto più bello: il canto che è una delle vette più alte della spiritualità umana di tutti i tempi, superato soltanto dallo splendore del *Magnificat* di Maria.

Immaginiamo di vedere quest'uomo ancora giovane, ma consumato come una candela che ha dato luce a tutti senza nulla chiedere; immaginiamo di vedere le ferite della passione di Cristo sanguinanti nelle sue mani, nei suoi piedi e nel suo petto; immaginiamo di vedere i suoi occhi chiusi per evitare la ferita della luce...! Egli improvvisamente esclama con la voce limpida di un bimbo:

Altissimo, onnipotente e buon Signore
A te appartiene ogni lode e ogni benedizione!

Francesco si ferma e la sua anima pulita e semplice comincia a volare nello spazio immenso della creazione che dovunque porta stampata la firma di Dio. Felice riprende il canto:

O Altissimo, solo tu meriti lode!
E da ogni parte io sento voci che cantano per te:
canta il sole, attraverso il quale tu ci illumini,
canta perché è bello e tutti accarezza con i suoi raggi.

Canta la luna delicata come Chiara,
cantano le stelle silenziose e semplici
come i miei fraticelli.

Canta il vento che spazza via le nuvole
dal cielo e dai cuori.

Canta l'acqua che scorre umile e pura,
preziosa e indispensabile per la vita.

Cantano i fiori che sembrano ricamati
dalla tua infinita fantasia.

Canta il fuoco che scalda le nostre case
e chiacchiera con noi come un amico sincero e forte.

O Altissimo, tutto canta per te
e il mio canto è soltanto una piccola nota
nel coro meraviglioso della creazione.

Lodate, cantate, benedite tutti il Signore
e servitelo con grande umiltà
perché lui solo regala la perfetta letizia.

Francesco si ferma. Sta per dire: «Amen». Ma non pronuncia questa parola, perché sa che ognuno di noi può aggiungere altre strofe al canto: altri motivi di benedizione, altre note di ammirazione.

E, infatti, sarà lo stesso Francesco ad aggiungere una strofa delicatissima a questo "inno dello stupore".

Francesco, ormai gravemente ammalato, si trova nei pressi di Siena e desidera tornare ad Assisi: lì aveva iniziato il canto della vita e della fede e lì voleva cantare l'ultima strofa della sua serenata all'amata sposa: la "signora povertà".

Il viaggio da Siena verso Assisi è lungo e faticoso,

ma Francesco porta con sé tutto quanto possiede: il suo tesoro è tutto nel suo cuore.

Il vescovo vuole accoglierlo nella sua casa. Francesco accetta volentieri, perché il vescovo Guido, già un'altra volta, l'aveva accolto affettuosamente sotto il mantello della sua protezione, quando, lasciati i vestiti vellutati del padre, si era fatto povero per essere tutto di Dio.

Ma una notizia ferisce il cuore di Francesco: il vescovo e il podestà di Assisi sono arrivati allo scontro e si odiano reciprocamente.

L'odio! Francesco trema quando sente pronunciare questa parola, che porta con sé il fetore di satana: satana, infatti, è il seminatore di odio così come Dio è il seminatore d'amore. Che fare? Francesco non può fingere di non sapere e vuole a tutti i costi rimetterli in pace. Ripensa al canto che aveva composto per lodare l'Altissimo e aggiunge un nuovo motivo di lode:

Sii lodato, o mio Signore,
per quelli che perdonano per amore tuo!
Beati quelli che fanno così perché da te
saranno incoronati come vincitori.

Poi Francesco chiama uno dei suo fraticelli, e, pieno di fiducia, gli dice: «Va' e di' al podestà: "Vieni in vescovado insieme ai 'maggiori' della città. Ti prego io, Francesco, che sono il 'minore', l'ultimo della città"».

L'invito viene accolto e, nel grande chiostro del vescovado, si ritrovano il podestà con i "maggiori" di Assisi e il vescovo con i suoi "maggiori". L'atmosfera è tesa e nessuno si azzarda a fare il primo passo.

Allora due fraticelli si fanno avanti e uno, con tanta umiltà, dice: «Francesco durante la sua infermità ha composto le "Laudi del Signore". Vi preghiamo di ascoltarle con devozione: è Francesco che ve le consegna come semi affinché portino frutto».

E cominciano a cantare: il canto entra nel cuore di tutti e smorza la tensione e accende uno struggente desiderio di bontà e un irrefrenabile bisogno di pace.

Quando i fraticelli cantano: «Sii lodato, o mio Signore, per quelli che perdonano, perché da te saranno incoronati come vincitori», il podestà non riesce a trattenersi e corre tra le braccia del vescovo e, davanti a tutti, dichiara tra le lacrime: «Sono pronto a perdonare non solo il vescovo, ma chiunque mi abbia fatto qualsiasi male». Il vescovo a sua volta, travolto dall'inatteso e improvviso gesto di bontà, dichiara a gran voce: «Io dovevo correre per primo ad abbracciarti. Purtroppo ho un temperamento portato all'ira! Ti prego: perdonami, perdonami!»

La gente che assisteva non credeva ai propri occhi e tornò a casa con la voglia di seppellire ogni offesa per rivivere, nelle piccole e nelle grandi cose, l'esperienza del perdono fatta dal podestà e dal vescovo. E tutti esclamarono: «Ancora una volta Francesco ci ha insegnato il Vangelo!»

Le condizioni di salute di Francesco andavano peggiorando, ma il canto di gioia usciva ancora dal suo cuore. Frate Elia non trovava decoroso tutto quel canto e si permise di dirlo a Francesco, che rispose: «Elia, non capisci? Si avvicina la mia festa e io non dovrei cantare?»

Tuttavia Francesco nel palazzo del vescovo si sentiva a disagio: sognava il cielo stellato, gli alberi con la rugiada, il cinguettio degli uccelli, il ruscello con l'acqua limpida, le allodole e il falco che ogni mattina lo svegliava sul monte della Verna.

Leone, Pacifico, Masseo, Angelo, Ruffino circondavano Francesco come tanti angeli che avrebbero voluto volare con lui.

Venne un medico amico di Francesco e delicatamente gli comunicò la gravità delle sue condizioni.

Francesco esultò, volle accanto tutti i frati e disse: «Fratelli, mi è stato appena annunciato che la sorella che viene a prendermi per portarmi in paradiso, si è già messa in viaggio. Sarà lei ad aprirmi le porte dell'eternità. Questa è una notizia bellissima. Dobbiamo festeggiarla con musica. Cantiamo».

Prima ancora che il canto iniziasse, fra Leone si

trovava già in un mare di lacrime. Anche gli altri ne rimasero contagiati. Tuttavia cantarono insieme, anche se con gli occhi bagnati di lacrime. Arrivati all'ultima strofa, Francesco chiese silenzio ai frati e improvvisò una nuova strofa in onore di sorella morte.

Laudato si', mi Signore,
per sora nostra Morte corporale,
dalla quale nessun uomo vivente può scampare.
Guai a quelli ke morranno nei peccati mortali!
Beati quelli che troverà nella tua santissima volontà,
perché la morte seconda non farà loro male.

Con questa nuova strofa il Cantico era completo.

Sentendo avvicinarsi la grande ora, Francesco chiese di essere portato alla Porziuncola. Lo misero su una lettiga e scesero lentamente il pendio che va verso Santa Maria degli Angeli.

Quando giunsero all'altezza del lebbrosario di San Salvatore delle Pareti, Francesco chiese di fermarsi, di girare la lettiga e di permettergli di dare un ultimo sguardo ad Assisi per benedirla. Improvvisamente si mise a sudare; aprì gli occhi e cominciò a guardare in lontananza. Che cosa vedeva?

Forse vedeva la casa materna, i primi passi nella bottega delle stoffe, il volto buono di Pica, il volto arrabbiato e deluso di suo padre, le allegre comitive degli anni giovanili, la guerra con Perugia, la cavalcata nella notte da Spoleto ad Assisi, il giorno memorabile della consegna degli abiti.

A questo punto Francesco toccò la ruvida tunica che gli copriva il corpo e capì quante cose erano accadute da allora. Si rivide giovanissimo nella chiesetta di San Damiano ed ebbe un brivido quando gli sembrò di sentire la voce di Gesù, che gli diceva: «Francesco, Francesco! Ripara la mia casa che, come vedi, va tutta in rovina».

Aveva realizzato il desiderio di Gesù? Aveva riparato la casa? Francesco non sapeva rispondere, non poteva rispondere, ma continuò a guardare in lontananza.

Rivide Chiara trepidante nella notte della domenica delle Palme e sentì il leggero tocco dei capelli biondi che cadevano a terra. Ora Chiara era a San Damiano e non più sola, ma con tante giovani affascinate da Gesù fino a sposare "madonna povertà".

Ora anche Francesco non era più solo, ma migliaia e migliaia di giovani l'avevano seguito e camminavano felici, predicando il Vangelo di Gesù per tutte le strade d'Italia e d'Europa, fino in Palestina, in Siria e in Egitto in mezzo ai saraceni.

Rivide il volto pensoso del sultano e sorrise ripensando alla rifiutata prova del fuoco. Ma ora un altro fuoco bruciava nel suo cuore. Toccò il petto e sentì che era aperto da una ferita e che mandava sangue: l'ultimo sangue che gli restava.

Si commosse, guardò i compagni che lo portavano a spalla e gli uscì spontaneamente questa confidenza: «Ho cercato di fare la mia parte, quella che Gesù mi ha affidato. Gesù vi insegni e vi aiuti a fare la vostra parte!»

Si rimisero in viaggio verso la Porziuncola: una leggera brezza muoveva le cime degli alberi e sembrava che le piante riconoscessero l'uomo che lì aveva vissuto momenti indimenticabili inserendo quel piccolo lembo di terra nella storia dell'umanità.

Francesco era consapevole di aver scatenato una rivoluzione pacifica, una rivoluzione che aveva attirato tantissimi giovani e li aveva resi poveri per diventare liberi e felici.

Vuole essere adagiato nudo sulla nuda terra; ultimo messaggio di libertà, ultimo canto d'amore a "madonna povertà".

Tende le mani nel buio della cecità e le appoggia delicatamente sulla testa dei fraticelli, che lo circondano come allodole spaesate: riconosce la testa di Leone, di Pacifico, di Masseo, di Elia... e gli sembra che tutto stia ricominciando come quando cercava pietre e sabbia per restaurare la chiesetta di Santa Maria degli Angeli.

Ma... è l'ora di partire. Francesco sussurra: «State saldi nel timore del Signore, o figli miei! Perseverate! Beati quelli che perseverano nel cammino iniziato. Io mi affretto verso Dio e vi affido tutti alla sua misericordia».

Chiede che venga portato il libro del Vangelo e fa leggere il brano del Vangelo di Giovanni che dice così: «Prima della festa di Pasqua, Gesù, sapendo che era giunta la sua ora di passare da questo mondo al Padre, avendo amato i suoi che erano nel mondo, li amò sino alla fine».

«Lì amò sino alla fine»: l'ultimo respiro di Francesco fu un atto di amore, che riempì di luce la sera del 3 ottobre 1226.

Subito numerose allodole, che hanno paura del buio, pur essendo imminente la notte si misero a volare e volare sopra la cella di Francesco e lodarono Dio così come Francesco tante volte le aveva invitate a fare.

Il vescovo di Assisi, in quel momento, si trovava a San Michele sul Monte Gargano. Francesco gli apparve e gli disse: «Ecco, io lascio il mondo e vado in cielo». Al mattino il vescovo, alzatosi, narrò ai compagni di viaggio quanto aveva visto e, ritornato ad Assisi, indagò accuratamente e poté constatare con sicurezza che Francesco aveva lasciato questo mondo nel momento stesso in cui gli era apparso.

Francesco, poverello di Dio, prega per noi! Accompagnaci nella "notte di Spoleto", affinché abbiamo il coraggio di prendere decisamente la direzione della fedeltà totale al Vangelo di Gesù per ritrovare il sorriso e le note del canto che ci hai cantato tu.

Francesco, siamo in ritardo!

Francesco, prega per noi e, con la tua preghiera, taglia gli ormeggi che ancora ci legano all'orgoglio e all'egoismo rendendoci tanto infelici.

Francesco, prega per noi!

Lodi di Dio altissimo

Sul lato della pergamena che contiene la benedizione a frate Leone, nel margine superiore, da altra mano e con inchiostro rosso è scritto: «Il beato Francesco, due anni prima della sua morte, fece una quaresima sul monte della Verna, ad onore della beata Vergine Maria, Madre di Dio, e del beato Michele arcangelo, dalla festa dell'Assunzione di santa Maria Vergine fino alla festa di san Michele arcangelo; e la mano di Dio fu su di lui mediante la visione e le parole del serafino e l'impressione delle stimmate di Cristo nel suo corpo. Compose allora queste laudi, che sono scritte sul retro di questo foglio, e le scrisse di sua mano, rendendo grazie al Signore per il beneficio a lui concesso».

Caro lettore, a questo punto, le mie povere parole non hanno più alcun valore: solo la preghiera può esprimere i sentimenti della tua anima. Prega con Francesco, rivolgendo il tuo cuore a Dio:

Tu sei santo, Signore, solo Dio,
che operi cose meravigliose.
Tu sei forte,
tu sei grande,
tu sei altissimo,
tu sei re onnipotente,
tu, Padre Santo, re del cielo e della terra.
Tu sei trino ed uno, Signore Dio degli dèi,
tu sei il bene, ogni bene, il sommo bene,
il Signore Dio vivo e vero.
Tu sei amore e carità,
tu sei sapienza,
tu sei umiltà,

tu sei pazienza,
tu sei bellezza,
tu sei mansuetudine,
tu sei sicurezza,
tu sei quiete.
Tu sei gaudio e letizia,
tu sei nostra speranza,
tu sei giustizia,
tu sei temperanza,
tu sei tutta la nostra ricchezza a sufficienza.
Tu sei bellezza,
tu sei mansuetudine.
tu sei protettore,
tu sei custode e nostro difensore,
tu sei fortezza,
tu sei refrigerio.
Tu sei la nostra speranza,
tu sei la nostra fede,
tu sei la nostra carità.
Tu sei tutta la nostra dolcezza,
tu sei la nostra vita eterna,
grande e ammirabile Signore,
Dio onnipotente,
misericordioso Salvatore.

Litanie dell'umiltà

A questo punto mi sembra bello inserire "le litanie dell'umiltà", che il cardinale Raffaele Merry del Val, segretario di Stato di san Pio X, recitava ogni giorno:

O Gesù, mite ed umile di cuore, esauditemi.
Dal desiderio di essere stimato: liberatemi, Gesù!
Dal desiderio di essere amato: liberatemi, Gesù.
Dal desiderio di essere decantato: liberatemi, Gesù.
Dal desiderio di essere onorato: liberatemi, Gesù.
Dal desiderio di essere lodato: liberatemi, Gesù.
Dal desiderio di essere preferito agli altri: liberatemi, Gesù.
Dal desiderio di essere consultato: liberatemi, Gesù.
Dal desiderio di essere approvato: liberatemi, Gesù.
Dal timore di essere umiliato: liberatemi, Gesù.
Dal timore di essere disprezzato: liberatemi, Gesù.
Dal timore di soffrire rifiuti: liberatemi, Gesù.
Dal timore di essere calunniato: liberatemi, Gesù.
Dal timore di essere dimenticato: liberatemi, Gesù.
Dal timore di essere preso in ridicolo: liberatemi, Gesù.
Dal timore di essere ingiuriato: liberatemi, Gesù.
Dal timore di essere sospettato: liberatemi Gesù.

Che gli altri siano amati più di me:
Gesù, datemi la grazia di desiderarlo!
Che gli altri siano stimati più di me:
Gesù, datemi la grazia di desiderarlo!
Che gli altri possano crescere nell'opinione del mondo e che io possa diminuire:
Gesù, datemi la grazia di desiderarlo!
Che gli altri possano essere valorizzati ed io messo in disparte:

Gesù, datemi la grazia di desiderarlo!
Che gli altri possano essere lodati ed io non curato:
Gesù, datemi la grazia di desiderarlo!
Che gli altri possano essere preferiti a me in ogni cosa:
Gesù, datemi la grazia di desiderarlo!
Che gli altri possano essere più santi di me,
purché io divenga santo quanto e come tu vuoi:
Gesù, datemi la grazia di desiderarlo!

INDICE

Stampa: AGAM – Madonna dell'Olmo (Cuneo)